风险投资的
生产效率效应研究

Fengxian Touzi de
Shengchan Xiaolü Xiaoying Yanjiu
Jiyu Ziben Zhanghu Kaifang Beijing

基于资本账户开放背景

陈 鑫 ◎著

企业管理出版社
ENTERPRISE MANAGEMENT PUBLISHING HOUSE

图书在版编目（CIP）数据

风险投资的生产效率效应研究：基于资本账户开放背景 / 陈鑫著 . — 北京：企业管理出版社，2022.11

ISBN 978-7-5164-2652-4

Ⅰ.①风… Ⅱ.①陈… Ⅲ.①风险投资 – 影响 – 生产效率 – 研究 Ⅳ.① F830.59

中国版本图书馆 CIP 数据核字（2022）第 118052 号

书　　名：	风险投资的生产效率效应研究：基于资本账户开放背景
书　　号：	ISBN 978-7-5164-2652-4
作　　者：	陈　鑫
责任编辑：	刘玉双
出版发行：	企业管理出版社
经　　销：	新华书店
地　　址：	北京市海淀区紫竹院南路 17 号　　邮编：100048
网　　址：	http://www.emph.cn　　电子信箱：metcl@126.com
电　　话：	编辑部（010）68701661　　发行部（010）68701816
印　　刷：	北京虎彩文化传播有限公司
版　　次：	2022 年 11 月第 1 版
印　　次：	2022 年 11 月第 1 次印刷
开　　本：	700mm×1000mm　　1/16
印　　张：	13 印张
字　　数：	190 千字
定　　价：	82.00 元

版权所有　翻印必究·印装有误　负责调换

序 言

随着中国经济发展步入新常态，传统的以劳动、资本等要素驱动为主的增长模式将难以为继，未来必须转向全要素生产率驱动。风险投资是推动创新创业、全要素生产率增长的重要因素。为了更好地推动创新经济发展，中国开始试行合格境外有限合伙人（Qualified Foreign Limited Partner，QFLP）和人民币合格境外有限合伙人（RMB Qualified Foreign Limited Partner，RQFLP）等制度，希望能够通过提升资本账户开放水平吸引更多外资进入国内风险投资市场，帮助解决国家创新创业融资难题，促进全要素生产率快速增长。理论上，资本账户开放有助于资本累积，但是外资进入可能会引起国内投资市场结构和配置状态变动，并影响风险投资对全要素生产率的边际贡献，所以未来不能仅关注风险投资增量，还需要合理优化其结构质量和配置状态。遗憾的是，在有关风险投资与全要素生产率的研究中，国内外学者普遍将风险投资视为"均质"的，且尚未取得一致结论。虽然少数研究揭示了不同背景的风险投资激励创新的差异，但它们普遍停留在企业层面，多以研发投入或专利产出指标来衡量创新绩效，并不能为优化风险投资结构质量和区域配置提供准确参考。同时，对于 QFLP、RQFLP 等政策制度的预期成效，学术界还存在一定争议。

为了突破已有研究的局限，解决存在的争议，本书考察了风险投资对全要素生产率的影响及其作用路径，同时揭示了资本账户开放对风险投资活动"数量"和"效益"的影响。第 1 章"绪论"，介绍选题依据和背景情况，明确相关研究前沿进展与不足之处，提出要研究的问题与理论框架。第 2 章"理论基础与文献综述"，主要介绍全要素生产率、风险投资和资本账户开放等概念的内涵及相关测度方法，并回顾了熊彼特创新理论、资本账户开放争论等相关知识，同时，对文献做了系统梳理，重点关注理论前沿，为后续提出研究假设寻找理论依据。第3章"中国全要素生产率估算与演变研究"主要估算了中国各省、自治区、直辖市的全要素生产率指数，重点考察中国全要素生产率的时空演变规律。第4章"中国风险投资与全要素生产率：异质效应检验"主要从区域层面探讨了不同背景的风险投资对全要素生产率的影响及其效率差异。第5章"中国风险投资与全要素生产率：作用路径考察"主要从区域层面探讨了不同背景的风险投资影响全要素生产率的具体路径。第6章"中国资本账户开放与风险投资：增量提效分析"主要考察资本账户开放对风险投资活动规模与边际效益的影响。第7章"结论与展望"对全书进行系统总结，立足于中国全要素生产率发展规律，依据不同背景的风险投资与全要素生产率之间的关系，提出优化风险投资结构质量和区域配置的政策建议。

  本书的主要贡献如下：①突破了风险投资的"均质"假设，从区域层面证实了外资、国有和民营风险投资在提升全要素生产率过程中的异质性，不仅有助于解释现有经验研究结论之间的冲突，还能为优化中国风险投资结构质量提供参考；②打破了现有理论边界约束，把技术进步与技术效率视为全要素生产率增长路径，并在统一理论框架下考察外资、国有和民营风险投资对作用路径的依赖性，不仅进一步深化了风险投资经济行为理论，还有助于合理优化中国风险投资的区域配置；③考察资本账户开放对风险投资规模数量与边际效益的影响，不仅有助于解决现有存在争议的问题，还能帮助管理者了解QFLP、RQFLP等政策制度体系成效，并在"增量提效"的原则下做出优化调整，推动改革开放红利的持续释放。此外，在研究方法层面，本书在考虑空间相关性的前提下，采用非参数协方差矩阵估计法和空间计量分析方法，并引入贝叶斯方法设定空间计量模型，既弥补了传统计量经济分析的不足，又避免了空间计量模型误设，所得结论更加贴合现实情况。

目 录

第1章 绪论	1
1.1 问题由来	1
1.1.1 研究背景	1
1.1.2 研究问题	3
1.2 研究目标与意义	5
1.2.1 研究目标	5
1.2.2 研究意义	6
1.3 研究内容与方法	7
1.3.1 研究内容	7
1.3.2 研究方法	9
1.3.3 技术路线	11
1.4 本研究的创新点	13
第2章 理论基础与文献综述	15
2.1 理论基础	15
2.1.1 全要素生产率理论	15
2.1.2 熊彼特创新理论	20
2.1.3 风险投资理论	25
2.1.4 资本账户开放理论	29
2.2 国内外文献综述	34
2.2.1 风险投资与全要素生产率	34
2.2.2 资本账户开放与全要素生产率	37

         2.2.3 资本账户开放与风险投资 ………………………………… 41
   2.3 **本章小结** ……………………………………………………… 45
         2.3.1 已有研究评价 …………………………………………… 45
         2.3.2 对本研究的启示 ………………………………………… 47

第3章 中国全要素生产率估算与演变研究 …………………………… 49
   3.1 **中国全要素生产率的估算校核** ……………………………… 49
         3.1.1 估算方法 ………………………………………………… 50
         3.1.2 指标数据 ………………………………………………… 52
         3.1.3 结果校核 ………………………………………………… 54
   3.2 **中国全要素生产率的演变规律** ……………………………… 56
         3.2.1 研究方法 ………………………………………………… 57
         3.2.2 增长规律 ………………………………………………… 58
         3.2.3 分布动态 ………………………………………………… 61
   3.3 **中国全要素生产率的增长路径** ……………………………… 64
         3.3.1 路径识别 ………………………………………………… 64
         3.3.2 技术进步 ………………………………………………… 65
         3.3.3 技术效率 ………………………………………………… 67
   3.4 **本章小结** ……………………………………………………… 68

第4章 中国风险投资与全要素生产率：异质效应检验 ……… 70
   4.1 **理论分析与研究假设** ………………………………………… 70
         4.1.1 理论机制分析 …………………………………………… 71
         4.1.2 异质效应假设 …………………………………………… 74
   4.2 **研究设计** ……………………………………………………… 77
         4.2.1 变量指标 ………………………………………………… 77
         4.2.2 样本数据 ………………………………………………… 81
         4.2.3 模型方法 ………………………………………………… 82

4.3 实证分析 ········· 84
4.3.1 描述性统计分析 ········· 84
4.3.2 空间相关性检验 ········· 85
4.3.3 回归结果分析 ········· 86
4.3.4 稳健性检验 ········· 92
4.3.5 进一步讨论 ········· 93
4.4 本章小结 ········· 95

第5章 中国风险投资与全要素生产率：作用路径考察 ········· 97
5.1 理论分析与研究假设 ········· 97
5.1.1 理论机制分析 ········· 98
5.1.2 路径依赖假设 ········· 101
5.2 研究设计 ········· 105
5.2.1 变量指标 ········· 105
5.2.2 样本数据 ········· 107
5.2.3 模型方法 ········· 107
5.3 实证分析 ········· 111
5.3.1 描述性统计分析 ········· 111
5.3.2 空间相关性检验 ········· 112
5.3.3 模型设定检验 ········· 113
5.3.4 回归结果分析 ········· 114
5.3.5 稳健性检验 ········· 121
5.3.6 进一步讨论 ········· 124
5.4 本章小结 ········· 126

第6章 中国资本账户开放与风险投资：增量提效分析 ········· 128
6.1 理论分析与研究假设 ········· 129
6.1.1 理论机制分析 ········· 129

6.1.2　增量提效假设 …………………………………… 132
　6.2　研究设计 ………………………………………………… 136
　　　6.2.1　变量指标 …………………………………………… 136
　　　6.2.2　样本数据 …………………………………………… 139
　　　6.2.3　模型方法 …………………………………………… 140
　6.3　实证分析 ………………………………………………… 141
　　　6.3.1　描述性统计分析 …………………………………… 141
　　　6.3.2　空间相关性检验 …………………………………… 142
　　　6.3.3　回归结果分析 ……………………………………… 144
　　　6.3.4　稳健性检验 ………………………………………… 152
　　　6.3.5　进一步讨论 ………………………………………… 154
　6.4　本章小结 ………………………………………………… 156

第7章　结论与展望 ……………………………………………… 158
　7.1　主要研究结论 …………………………………………… 159
　7.2　相关政策建议 …………………………………………… 161
　7.3　未来工作方向 …………………………………………… 165

参考文献 …………………………………………………………… 169

附录A　置信区间测算结果 ……………………………………… 197

附录B　单位根检验结果 ………………………………………… 199

第1章

绪　论

1.1　问题由来

1.1.1　研究背景

随着"人口红利"和"库兹涅茨效应"的消失，中国经济发展逐步进入新常态，传统的以劳动、资本等要素投入驱动的经济增长方式难以为继，未来要保持经济中高速增长，必须要转变经济发展方式，全面提高全要素生产率（蔡昉，2013；刘世锦，2015；吴敬琏，2015；青木昌彦，2015）[1-4]。然而，相关研究却表明，中国全要素生产率增速及其对经济增长贡献率长期处在停滞状态，甚至在某些时点出现了断崖式下降。例如，白重恩和张琼（2014）[5]研究发现：自2008年国际金融危机以来，中国经济下行压力来自人力资本和全要素生产率增速的双重下降，其中全要素生产率增速下降是主要原因。具体来讲：1979年至2007年，在扣除了要素投入增长部分之后，中国生产效率年平均改善速度约为3.78%；2008年至2013年，中国生产效率年平均改善速度为1.40%，并且呈现出持续下滑的趋势。余泳泽（2015）[6]的测算同样表明，中国经济增长动力正处在深刻变革之中，现阶段资本投入与全要素生产率反向角逐，全要素生产率对经济增长的贡献正在被逐渐弱化，并在2008年出现了断崖式的下降，落后的生产效率严重制约了经济潜在增长速度。由此可见,传统经济增长源泉的消失并不意味着新增长源泉能够自然而然地产生,甚至一些可持续的、支撑中国未来经济增长的源泉也在弱化,经济增长动力转换面临着诸多严峻挑战。如何有效提升全要素生产率水平,以创新驱动中国经济可持续增长,已成为当前亟待解决的关键问题。①

在新古典增长理论中,全要素生产率是指产出增长中不能用要素投入增长来解释的部分,也就是所谓的"索洛余值"(Solow,1957)[7]。全要素生产率增长主要依赖由利润驱动的创新,发达国家生产率增长多依赖自主创新,而在新兴经济体中,自主创新和技术引进是其生产率增长的主要来源,它们依托不同的制度安排(Aghion 和 Griffith,2008;Aghion 和 Cette,2014)[8,9]。其中,就金融制度安排而言,基于市场的金融体系更能促进发达国家生产率的增长,而新兴经济体生产率改善则主要依靠以银行为基础的金融体系(Koch,2014)[10]。需要注意的是,中国非金融企业杠杆率长期居于高位,过量债务将会阻碍国家全要素生产率持续增长,甚至可能引发系统性金融危机和经济衰退,而且"去杠杆化"已成为当前中国经济结构改革的一项重要任务,未来企业信贷的供给规模必然会有所收缩②(Fabrizio 等,2010;陆婷、余永定,2015)[11,12]。同时,作为国家技术创新的重要载体,科技创业企业普遍具有高风险性,其所需资本周期较长,很难受到传统借贷资本青睐(Beck 等,2008;马秋君,2013)[13,14]。因此,针对科技创业企业融资困境,未来需要增设一些新的金融制度安排,补充国家创新载体的资本来源。

风险投资是推动创新创业、生产率增长的一个重要因素。为了更好地

---

① 为了积极适应和引领经济发展新常态,2015年《政府工作报告》首次提出"要增加研发投入,提高全要素生产率",随后"创新驱动发展战略深入实施,创业创新蓬勃发展,全要素生产率明显提高"被列为经济社会发展的主要目标,正式编入《中华人民共和国国民经济和社会发展第十三个五年(2016—2020年)规划纲要》。

② 《中国去杠杆进程报告(2017)》的分析表明,中国非金融企业杠杆率高达156.90%;Fabrizio 等(2010)研究发现,新兴市场国家企业负债率超过40%时会阻碍全要素生产率增长。

推动创新经济发展，中国开始试行合格境外有限合伙人（QFLP）[①]和人民币合格境外有限合伙人（RQFLP）[②]等制度，并在上海、天津和广东等自贸区同步试点外商直接投资负面清单管理模式，希望能够通过深化资本账户开放水平，吸引更多的外资进入国内风险投资市场，以帮助解决国家创新载体的融资难题。理论与经验研究表明，风险投资与创业企业研发经费投入、专利产出以及新产品销售收入之间均存在显著正相关关系，而且外资、国有和民营风险投资在扶持企业创新活动中存在显著的效率差异（Kortum 和 Lerner，2000；苟燕楠和董静，2014；Yan 等，2015；Etzkowitz 等，2017）[15-18]。资本账户开放有助于东道主国家资本累积和配置效率改善，但外资涌入同时会引起国内投资市场结构变动，表现为外资对本土投资的"挤入"或"挤出"效应（Agosin 和 Machado，2005；Galindo 等，2007；罗长远，2007；彭红枫、鲁维洁，2011）[19-22]。可以推测，如果不同背景的风险投资在提升国家全要素生产率过程中也存在异质性，那么 QFLP、RQFLP 等资本账户开放政策导致的风险投资市场结构变动可能会进一步影响其对全要素生产率的边际贡献。因此，在经济发展新常态和资本账户开放的背景下，我们不能仅关注国内风险投资的增量与存量，还要注意优化风险投资结构质量与配置状态，努力提高风险投资对全要素生产率的边际贡献，从而更快更好地驱动中国创新经济可持续增长。

1.1.2 研究问题

遗憾的是，少数经验研究尽管揭示了不同背景的风险投资在推动创新方面的异质效应的存在，但仅停留在企业微观层面，且多以研发投入、专利产出指标衡量创新绩效，尚未从区域层面系统地考察外资、国有以

[①] 合格境外有限合伙人（QFLP）制度，是指境外机构投资者在通过资格审批和其外汇资金的监管程序之后，将境外资本兑换为人民币资金，投资于国内的风险投资和私募股权投资市场，并且在外汇结汇、投资待遇等方面享受一定的优惠。
[②] 人民币合格境外有限合伙人（RQFLP）制度，是参照合格境外有限合伙人和人民币合格境外投资者制度推出的，即在合格的一般合伙人的管理下，允许有限合伙人在额度范围内将海外募集的人民币资金直接投资于国内的风险投资和私募股权投资市场。

及民营风险投资对全要素生产率影响以及作用路径等方面的差异，也就无法为优化我国风险投资结构质量和区域配置提供准确的政策建议。同时，对于QFLP、RQFLP等资本账户开放政策的预期成效，目前学术界还存在一定的争议。例如，国内学者林毅夫（2013）[23]、余永定（2014）[24]和杨小海等（2017）[25]等对加快推进资本账户开放持怀疑态度，其中林毅夫指出，相关研究表明国家经济增长主要依靠国内原始资本的积累，以风险投资、股票等直接融资为主的金融结构并不完全适合发展中国家[①]。况且，中国现已成为资本净输出国，外资进入可能会挤占国内资本的投资机会。Aghion和Cette（2014）[9]、Hernán等（2014）[26]认为，发展中国家推动创新型经济发展要更多地依靠风险投资、私募股权和证券市场的金融体系，同时外资进入有助于提高新兴市场国家风险投资规模与配置效率。

为了突破已有研究局限，本书立足于经济新常态下中国风险投资和全要素生产率发展现状，提出如下关键研究问题。

第一类问题：风险投资是否有助于提高中国全要素生产率？不同背景的风险投资对所在地区全要素生产率的影响及其效率是否存在显著差异？在资本账户开放的背景下，如何有效提升风险投资结构质量？

第二类问题：全要素生产率增长来源有技术进步和效率改善，风险投资究竟是通过何种路径提升全要素生产率的？不同背景的风险投资对全要素生产率的作用路径是否存在依赖性？针对中国各省、自治区、直辖市的全要素生产率增长模式，如何合理优化风险投资区域配置？

第三类问题：资本账户开放是否有助于提高中国全要素生产率？对中国风险投资活动"数量"和"效益"有何影响[②]？具体来讲，QFLP、RQFLP等政策体系是否有助于增加风险投资活动强度？能否提升其对全

---

① 世界银行经济增长与发展委员会（Commission on Growth and Development）的研究表明：自1950年以来，全球共有13个经济体成功跨越了"中等收入陷阱"，日本、韩国等几个地区均具有高储蓄率和高投资率，而且其投资资本普遍来源于内部积累。

② 资本账户包括直接投资、证券投资和其他投资项目。考虑到QFLP、RQFLP是针对外商股权投资企业设立的，属于直接投资项目，本书将研究范畴限定在直接投资项目领域。

要素生产率的边际贡献？基于现有政策体系成效，未来该如何进行改革调整？

基于以上分析，绘制研究问题与逻辑框架图，并在其中注明一级理论假设，如图 1.1 所示："异质效应假设"源于第一类问题，预设的是外资、国有以及民营风险投资对全要素生产率的影响差异；"路径依赖假设"源于第二类问题，预设的是外资、国有以及民营风险投资与技术进步、技术效率之间的关系；"增量提效假设"源于第三类问题，预设的是资本账户开放对中国风险投资强度的影响，及其对风险投资与全要素生产率之间关系的调节效应。

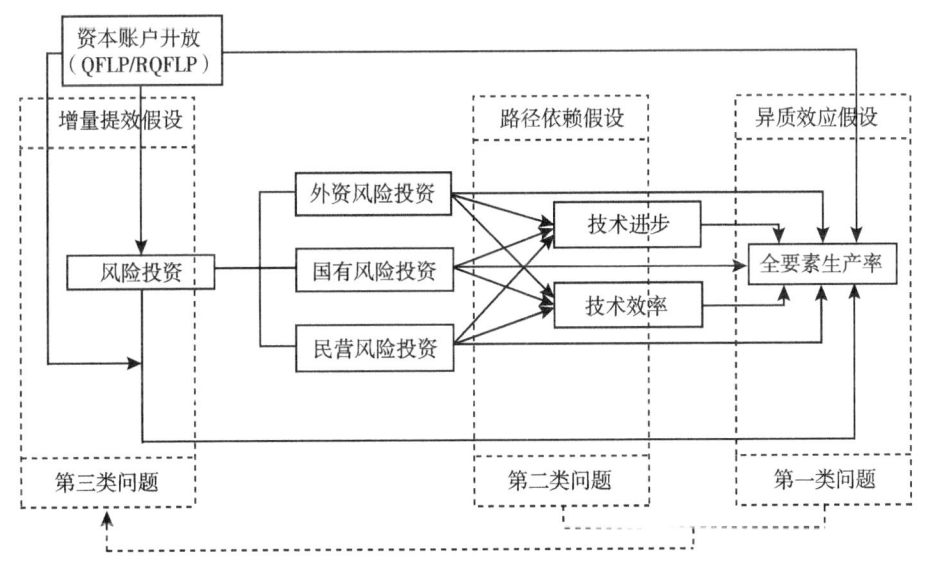

注：技术进步（效率）由全要素生产率分解而来，可参考 Färe 等（1994）、李平等（2016）。

图 1.1　研究问题与逻辑框架

1.2　研究目标与意义

1.2.1　研究目标

本研究旨在探索不同背景的风险投资在提升全要素生产率过程中

的差异，考察其对全要素生产率的作用路径，分析 QFLP、RQFLP 等资本账户开放政策的经济成效，以有助于改善中国风险投资结构质量和区域配置状态，明确未来政策改革与调整的方向。具体来讲，主要有以下几个研究目标：第一，在熊彼特经济发展理论框架下，考察不同背景的风险投资在提升全要素生产率过程中的异质性，主要是检验外资、国有以及民营风险投资对全要素生产率的影响及其效率差异，从而为改善中国风险投资结构质量提供原则性指导；第二，在法瑞尔技术效率理论和全要素生产率指数分解框架下，考察不同背景的风险投资对技术进步和技术效率的影响，主要是检验外资、国有以及民营风险投资对全要素生产率的作用路径是否存在依赖性，从而为优化中国风险投资区域配置提供政策参考；第三，在全要素生产率理论框架下，考察资本账户开放对中国风险投资活动强度和边际效益的潜在影响，主要是分析 QFLP、RQFLP 等政策的经济成效，以便管理者了解现有政策体系的实际效果，及时明确未来改革和调整的方向。总而言之，本书的最终目的在于：在资本账户开放的背景下，通过考察不同背景的风险投资与全要素生产率之间的关系，优化风险投资结构质量与区域配置状态，提高风险投资对全要素生产率的边际贡献，借此全面提升中国全要素生产率水平，加快实现新常态下经济增长动力的转换。

1.2.2 研究意义

理论意义主要表现在三个方面。第一，有关风险投资与区域全要素生产率关系的研究尚未取得一致结论，存在"正面效应""负面效应""中性影响"等不同观点，而这可能是风险投资结构质量差异造成的。本研究系统探讨不同背景的风险投资对区域全要素生产率的影响及其效率差异，可为已有经验研究结论之间的冲突提供一种合理解释。第二，部分学者在考察风险投资与全要素生产率之间的关系时，普遍忽视了对内在作用路径的探讨，所得结论具有一定局限性。本研究打破了现有理论边界的约束，把技术进步与技术效率视为全要素生产率增长来源，并在统一框架下考察不同类型风险投资对作用路径的依赖性，将进一步深化风险投资的经济行为理论。第三，资本账户开放对资本市场存在多重影响，外资进入究竟能否提升风险投资活动的经济效益取决于其叠加效应，仅凭理论分析难以给出确切结论。本书从提升全要素生产率视角出发，系统考察资本账户开放对中国风险投资活动强度与边际效益的潜在影响，将有助于解决关于QFLP、RQFLP等政策的某些争议。

实践价值主要表现在三个方面。第一，进入新常态后，中国经济发展面临着"稳增长、调结构、促改革"的任务，考察外资、国有和民营风险投资在提升全要素生产率过程中的效率差异，将有助于优化风险投资的结构质量，进一步提高中国风险投资活动的经济效益。第二，中国各省、自治区、直辖市全要素生产率增长模式存在区域性差异，考察不同背景的风险投资对全要素生产率的作用路径，将有助于地方政府确定招商引资的先后顺序，确保各省、自治区、直辖市能够按照全要素生产率增长模式，优先引入与之匹配的风险资本，进一步提高中国风险投资的区域配置效率。第三，以中国风险投资市场为研究对象，考察资本账户开放对风险投资活动强度与边际效益的影响，有助于管理者了解QFLP、RQFLP等现有政策体系的成效，并在"增量提效"的原则下做出优化调整，从而推动改革开放红利持续释放。

1.3 研究内容与方法

1.3.1 研究内容

本研究旨在从理论与经验层面考察风险投资对全要素生产率的影响及其作用路径，同时揭示资本账户开放对风险投资活动"数量"和"效益"的影响，主要研究内容如下：第一，在熊彼特经济发展理论框架下，提出风险投资的异质效应假设，从区域层面考察外资、国有和民营风险投资对全要素生产率的影响及其效率差异；第二，如果异质效应假设成立，则继续探讨不同背景的风险投资对全要素生产率的作用路径，进一步验证路径依赖假设是否成立；第三，在上述研究的基础之上，考察资本账户开放对风险投资活动强度的影响，并以提升全要素生产率为出发点，构建资本账户开放与风险投资交互项，揭示其对风险投资边际效益的潜在影响。具体章节安排如下所述。

第1章是绪论。首先，介绍选题依据和背景情况，明确相关研究前沿进展与不足之处；其次，在此基础上确定研究问题与理论框架，设定研究目标，阐述理论意义与实践价值；最后，提出研究内容和模型方法，并在已有研究基础上明确本研究的创新之处。

第2章"理论基础与文献综述"主要介绍全要素生产率、风险投资和资本账户开放等概念的内涵及相关测度方法，回顾熊彼特创新理论、资本账户开放争论等相关知识，为后续实证研究提供理论基础与方法支撑。同时，针对提出的研究问题，对相关文献做了系统梳理，重点关注理论前沿进展，为后续提出研究假设寻找理论依据。

第3章"中国全要素生产率估算与演变研究"主要估算中国各省、自治区、直辖市的全要素生产率指数，重点考察中国全要素生产率的时空演变规律，内容如下：第一，基于研究目的和数据可得性，采用DEA-Malmquist指数法，估算中国31个省（自治区、直辖市）全要素生产率指数，并将其分解为技术进步指数和技术效率指数；第二，利用HP滤波法和分布动态法，分析中国全要素生产率长期增长、短期波动以及收敛动态，明确发展趋势；第三，在趋势分析基础上，考察各省、自治区、直辖市全要素生产率增长动力与潜在约束。

第4章"中国风险投资与全要素生产率：异质效应检验"主要从区域层面探讨不同背景的风险投资对全要素生产率的影响及其效率差异，内容如下：第一，在熊彼特经济发展理论框架下，阐述风险投资影响全要素生产率的理论机制，提出异质效应理论假设；第二，设计变量指标，确定样本来源，在考虑空间相关性的前提下，利用非参数协方差矩阵估计法，估计不同背景的风险投资对全要素生产率的影响差异；第三，解释回归结果，验证异质效应假设是否成立；第四，提出研究结论和相关启示。

第5章"中国风险投资与全要素生产率：作用路径考察"主要从区域层面探讨不同背景的风险投资影响全要素生产率的具体路径，内容如下：第一，在全要素生产率指数分解框架下，阐述风险投资影响技术进步、技术效率的理论机制，提出路径依赖理论假设；第二，设计变量指标，确定样本来源，在考虑空间相关性的前提下，利用贝叶斯法设定空间计量模型，估计不同背景的风险投资与技术进步、技术效率之间的关系；第三，解释回归结果，验证路径依赖假设是否成立；第四，提出研究结论和相关启示。

第6章"中国资本账户开放与风险投资：增量提效分析"主要考察资本账户开放对风险投资活动强度与边际效益的影响，内容如下：第一，在金融自由化理论框架下，阐述资本账户开放影响风险投资活动的理论机制，提出增量提效理论假设；第二，设计变量指标，确定样本来源，在考虑空间相关性的前提下，利用非参数协方差矩阵估计法，首先估计资本账户开放对风险投资活动强度的影响，然后构造交互项检验其对风险投资边际效益的影响；第三，解释回归结果，验证增量提效假设是否成立；第四，提出研究结论和启示。

第7章"结论与展望"对全书进行系统总结：首先，立足于中国全要素生产率发展规律，依据不同背景的风险投资与全要素生产率之间的关系，提出优化风险投资结构质量和区域配置的政策建议；其次，依据现有资本账户开放政策成效，明确未来改革和调整方向；最后，提出本研究的局限和对未来研究的展望。

1.3.2 研究方法

本书主要运用文献研究法、规范分析法、数据包络分析法、HP滤波法、分布动态法、计量经济分析法及贝叶斯分析法。其中：文献研究法与规范分析法主要用于理论研究，为构建概念模型和理论假说提供线索；数据包络分析法用于估算中国各省、自治区、直辖市的全要素生产率指数；HP 滤波法和分布动态法将用于分析中国全要素生产率时空演变规律，计量经济分析法和贝叶斯分析法将用于验证理论假说中所预设的变量之间的关系。

1. 文献研究法

通过广泛查阅国内外相关文献，包括公开出版的书籍、期刊、论文集等，梳理国内外相关的最新理论资料，找出已有研究的不足，确定未来的研究方向，并在前人的基础上进一步开展深入研究。

2. 规范分析法

在文献回顾与理论分析的基础上，依托国内外权威学者和机构的科研成果，采用规范分析法（Normative Analysis），归纳风险投资、资本账户开放及全要素生产率的概念与测度方法，明确风险投资对全要素生产率的影响及其作用路径、资本账户开放的调节机制，为实证研究打下坚实的理论基础。

3. 数据包络分析法

数据包络分析法（Data Envelopment Analysis）是一个对多投入多产出的多个决策单元的效率评价方法，Färe 等（1994）[27]将其引入了全要素生产率研究领域，并提出了 DEA-Malmquist 指数法，该方法无须对生产函数和数据分布做出任何假设，能够避免由函数设定偏误引起的测算偏差问题，目前已成为估算国家和地区全要素生产率的主流方法。

4. HP 滤波法

HP 滤波法是由 Hodrick 和 Prescott（1997）[28]在分析第二次世界大战后美国经济周期的论文中首次提出的，其本质是过滤掉低频的趋势成分，保留高频的周期成分。该方法不仅能够呈现全要素生产率增长的长期趋势，还能揭示其短期波动规律，是考察中国全要素生产率增长规律的一种很好的方法。

5. 分布动态法

分布动态法（Dynamical Distribution Approach）是由 Quah（1993）[29]提出的一种非参数估计方法，该方法不仅能通过核密度估计分布形态揭示地区差距的收敛区间和动态变化，还可以借助条件概率分布揭示内部增长分布流动性，是分析中国全要素生产率空间演变规律的一种很好的方法。

6. 计量经济分析法

计量经济分析法（Econometrics）是在理论与观测协调的基础上，运用相应推理方法，对实际经济现象进行数量分析的方法。该方法为定量研究风险投资、资本项目开放与区域全要素的关系提供了一种规范的技术手段。需要说明的是，如果面板数据存在空间相关性，那么需要采用计量经济分析中的非参数协方差估计或者空间计量分析方法。

7. 贝叶斯分析法

贝叶斯分析法（Bayesian Analysis）是一种计算假设概率的方法，这种方法是基于假设的先验概率、给定假设下观察到不同数据的概率以及观察到的数据本身而得出的。LeSage（2014、2015）[30, 31]将其引入设定空间计量经济分析，提出了判定空间溢出形式的贝叶斯检验法，为空间计量模型设定提供了一种有效的决策方法。

1.3.3 技术路线

为了直观地展示本研究的研究逻辑框架，我们按照研究路线、研究内容和研究方法三个模块，绘制了本研究的研究技术路线图，具体如图1.2所示。需要说明的是，第 3 章将为后续实证分析提供数据支撑，第 4 章和第 5 章将为第 6 章的结果解释提供理论参考。

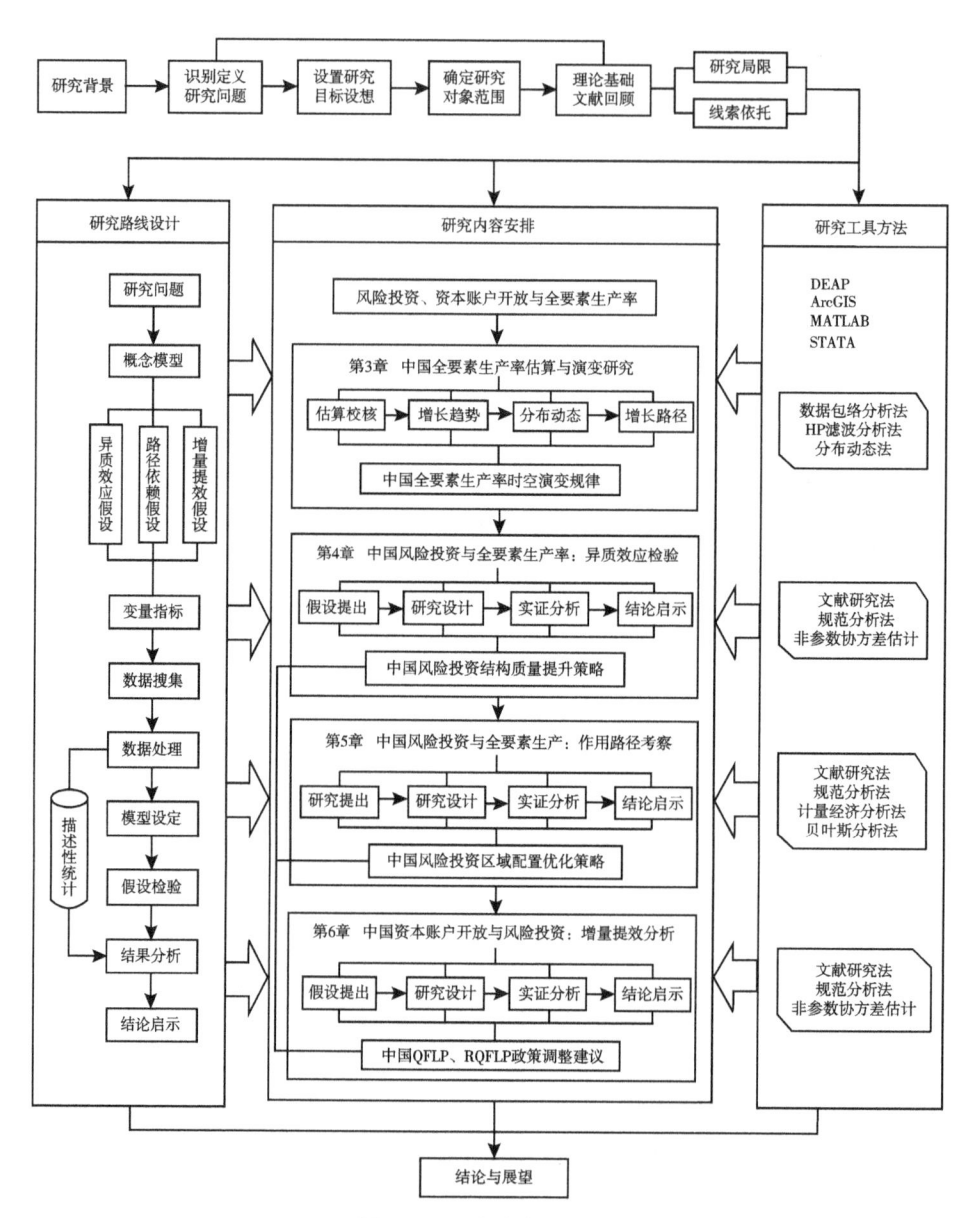

图 1.2 研究技术路线图

1.4 本研究的创新点

一是研究视角创新，研究视角由"数量观"转向"质量观"。在宏观层面的研究中，国内外学者普遍将风险投资视为"均质"的，尚未把外资、国有和民营风险投资的差异纳入研究范围，极易在管理实践中造成"重数量，轻质量"的错误倾向。本研究从创新经济学视角出发，进一步突破了风险投资"均质"假设，由纯粹的"数量观"视角转向内在的"质量观"视角，着力解决风险投资结构质量和配置优化问题，及时填补了该领域的研究空白。

二是研究对象创新，研究对象由"企业创新"转向"区域全要素生产率"。尽管少数研究揭示了不同背景的风险投资激励创新的效率差异，但它们普遍停留在企业层面，且多以研发投入或专利产出作为创新衡量指标，并不能为优化中国风险投资结构质量提供准确建议。原因如下：首先，在数据来源限制下，国内企业层面的经验研究多以主板、中小板或创业板上市公司作为研究样本，它们仅是风险投资参与企业中很小的一部分，因此研究难以捕捉到风险投资整体效应[1]；其次，研发投入和专利产出指标主要衡量的是技术发明活动，并不一定能够带来创新，创新也不一定完全来自发明[2]，而且，现阶段中国科技成果转化率相对较低，大量发明都处在"闲置"状态，并未转化为现实生产力[3]。基

---

[1] 《中国创业风险投资发展报告（2017年）》分析表明，风险投资机构选择通过上市（IPO）方式退出企业的比例相对较小，为15.52%~29.80%，70%以上的风险投资机构都是通过企业并购、管理层回购等方式退出企业的。由于非上市企业公开披露的信息极其有限，企业层面的研究还无法将其纳入样本范围，也就很难捕捉到风险投资的整体效应。

[2] 杨人凯和邵同晓（2010）指出，虽然研发资本和专利数据简单易得，但它们主要衡量的是发明活动，并不完全代表创新。原因如下：首先，创新是发明的首次商业化应用，在未经过商业化应用和推广之前，发明并不会对经济产生任何实质性影响；其次，企业家付诸实践的创新，也不一定来自发明，还可能来自资源配置、组织管理等方面的改善。

[3] 《2017年中国专利调查数据报告》表明，中国专利有效量累计628.5万件，有效专利实施率为50.3%，专利产业化率为34.6%，大量专利处在"闲置"状态，并未经过商业化应用和推广。

于此，本研究在熊彼特经济增长理论框架下，以企业微观层面研究结论为线索依托，转而从区域层面考察不同背景的风险投资在提升全要素生产率过程中的差异，以更好地解决中国风险投资结构质量和区域配置优化问题。

三是研究内容创新。现有学者在考察风险投资、资本账户开放与全要素生产率之间的关系时，多局限在某两个变量关系的分析，本研究打破了现有理论边界约束，构建了一个多变量分析框架，并尝试在以下两方面进行创新和扩展。第一，虽然现有学者探讨了风险投资能否提升全要素生产率的问题，但尚未取得一致的研究结论，也未明确外资、国有和民营风险投资中哪一类是最有效的投资者，以及它们究竟是通过何种路径来提升区域全要素生产率的。本研究聚焦于风险投资的异质性，从区域层面验证了外资、国有和民营风险投资在提升全要素生产率过程中的效率差异和路径差异。第二，现有学者多关注资本账户开放对东道主国家资本形成的影响，本研究以不同背景的风险投资的潜在效率差异为线索，在全要素生产率框架下验证了资本账户开放对风险投资边际效益的影响，并从结构质量角度提出了合理解释。

四是研究方法创新。第一，区域经济活动通常伴随着一定的空间相关性，现有学者在考察风险投资对区域全要素生产率的影响时，多采用传统固定效应模型，并未把空间相关性纳入研究范围，所得结论可能存在一定偏误；第二，国内学者在空间计量分析方法应用过程中，普遍忽视了对空间溢出形式的探讨，仅局限于空间滞后模型（Spatial Autoregressive Model，SAR）、空间误差模型（Spatial Error Model，SEM）和空间杜宾模型（Spatial Durbin Model，SDM）等经典模型，容易引起模型误设问题。本研究在考虑空间相关性的前提下，采用非参数协方差矩阵估计法和空间计量分析方法，同时引入贝叶斯分析方法设定空间计量模型，既弥补了传统计量经济分析的不足，又避免了空间计量模型的误设，所得结论将更加贴合现实情况。

第 2 章

理论基础与文献综述

本章回顾了全要素生产率、风险投资和资本账户开放的概念及相关测度方法,并回顾了熊彼特创新理论、资本账户开放争论等相关知识,以便为后续专题研究提供理论基础与方法支撑。同时,针对提出的研究问题,本章对国内外文献进行了系统梳理,重点关注已有研究的不足与相关进展,同时为后续构建理论假设寻找可靠的线索依托。

2.1 理论基础

2.1.1 全要素生产率理论

经济增长是一个由来已久的议题,早期的古典经济学派强调劳动分工和资本积累的相互作用,他们对于经济发展前景的态度是悲观的,认为经济的增长最终会停滞于静态循环。进入 20 世纪以来,美籍奥地利经济学家熊彼特提出的创新理论,对古典经济学家的悲观论点提出了挑战,由索洛增长核算方程推动的生产率研究使经济增长分析进入崭新的阶段,人们逐渐认识到经济发展不仅仅需要劳动和资本要素投入,还取决于包含技术进步的全要素生产率(Schumpeter, 1934、1947; Solow, 1957)[32, 33, 7]。

1. 全要素生产率概念内涵

全要素生产率的概念最早起源于魁奈对"生产率"的定义，特指每单位生产要素投入所能得到的平均产出水平，其正式问世可追溯至丁伯根的跨国定量比较研究（Quesnay，1766；Tinbergen，1935）[34,35]。总体而言，早期对全要素生产率的概念界定，主要涉及劳动和资本要素投入，并没有将研究与发展、教育与训练等无形要素纳入核算范围。此后，美国经济学家约翰·肯德里克在美国的收入与财富研究会议上指出，只有把总产出与全部要素投入的数量及其构成联系起来考察，才能真正掌握生产效率的变化情况，由此推动了全要素生产率理论发展（Kendrick，1951、1954、1956）[36-38]。与此同时，希朗·戴维斯出版了著作《生产率核算》，首次明确了全要素生产率的内涵："全要素生产率是在各类要素既定投入水平下生产活动所达到的综合效率，它是针对所有投入要素进行测算的，而不是只涉及部分要素。"（Davis，1955）[39]在新古典经济增长理论框架之中，罗伯特·索洛等在上述研究的基础上深化了全要素生产率理论，他将全要素生产率视为总产出增长中无法被劳动和资本要素投入变动解释的部分，也就是"索洛余值"；丹尼森则进一步改进了"索洛余值"的要素投入度量方法，他把各类生产要素进行细分并加权生成一个综合投入指数，使得对生产要素投入变动的测算更加全面准确（Solow，1957；Denison，1962）[7,40]。阿布拉莫维茨在其研究中指出，基于统计核算所得到的"余值"包含了生产过程中与总产出密切相关，却无法作为劳动或资本要素计入的各类因素，实际上相当于"对我们无知的度量"（Abramovitz，1956）[41]。由此可见，全要素生产率反映的是扣除劳动和资本等要素投入变动影响后的总产出变化率，本研究以索洛的概念界定为基准，认为："全要素生产率是指一个经济系统总产出变动中无法被劳动、资本等生产要素投入解释的部分，它代表的是该系统内技术水平、生产组织管理以及要素配置等方面的综合变化。"

2. 全要素生产率估算方法

全要素生产率的估算体系大致可以划分为两类：参数方法和非参数方法。具体如表 2.1 所示[①]。其中：参数法一般以生产函数为起点，它在市场完全竞争、技术充分有效等假设前提下，采用相应的多元统计方法，估计相关参数并测算生产效率；非参数方法有效地规避了生产函数与参数设定问题，它通常借助线性动态规划方法，从投入产出的角度来解释全要素生产率的变化。在参数法中，全要素生产率定量研究的先驱当属 1987 年诺贝尔经济学奖获得者罗伯特·索洛，他继承并发展了道格拉斯、丁伯根和肯德里克等学者的研究成果，首次将技术进步因素纳入经济增长模型，创立了全要素生产率的增长核算方法（Solow，1957）[7]。随后，Denison 等（1962、1969）[40,42]、Jorgenson 和 Grilliches（1966、1967）[43,44]等学者对要素投入度量与生产函数设定进行了一系列改进，使得索洛余值方法体系日趋充实和完善。20 世纪 80 年代以后，在全要素生产率测算方法研究中成就突出的当属美国著名经济学家乔根森，他采用超越对数生产函数的形式在部门和总量两个层次上进行了生产率的度量，并阐明了以资本服务租赁价格为基础的新古典投资理论，通过包含在新增投资中的新技术，系统诠释了生产率的变动。超越对数方法最大的优点在于它提高了对投入要素测量的准确度，特别是对资本投入的测量。虽然在要素投入度量方面有了可观的改善，但传统的生产函数法假定生产技术是充分有效的，并将全要素生产率增长全部归因于技术进步，仍然存在一定的局限。1977 年，艾格纳和缪森等创造性地提出了随机前沿生产函数法，并由 Greene（1980）[45]、Jondrow 等（1982）[46]、Battese 和 Coelli（1988、1995）[47,48]完善应用于全要素生产率领域的研究，该方法不仅允许技术无效率的存在，还能把全要素生产率分解为生产可能性边界的移动和技术效率的变化。与

[①] 关于全要素生产率估算方法体系，尚无统一的分类标准。Mahadevan（2003）按照是否需要设定生产函数进行参数估计，将全要素生产率估算方法分为参数方法和非参数方法；Massimo 等（2011）根据测算原理和角度的不同，将全要素生产率估算方法分为增长核算法、生产前沿面法和指数法。

传统的生产函数法相比，随机前沿生产函数法更贴近于生产活动的现实情况，其可分解性也便于研究者深入了解经济增长根源。另外，Schmidt（1985）[49]、Kumbhakar 等（1991）[50]、Bauer（1990）[51]、Kalirajan 等（1996）[52]利用随机前沿生产函数法，对技术效率与全要素生产率和产出的关系做了大量的实证研究，极大地丰富了这一方法体系。

表2.1 全要素生产率估算方法体系

估算体系	代表方法	主要特点	相关文献
参数法	索洛余值法	● 需要设定生产函数 ● 假设市场完全竞争 ● 假设技术充分有效 ● 假设规模报酬不变 ● 参数估计主观随意	Solow（1957）；Denison 等（1962、1969）；Jorgenson 和 Grilliches（1966、1967）；张军和施少华（2003）；郭庆旺和贾俊雪（2005）；孙琳琳和任若恩（2005）
	随机前沿生产函数法	● 需要设定生产函数 ● 需要设定分布假设 ● 允许技术无效存在 ● 结果稳健性比较差	Aigner 等（1977）；Greene（1980）；Jondrow 等（1982）；Battese 和 Coelli（1988、1995）；涂正革和肖耿（2006）；王争等（2006）
非参数法	数据包络分析法	● 无须设定生产函数 ● 无须设定分布假设 ● 允许技术无效存在 ● 允许规模报酬可变 ● 多投入多产出问题 ● 易受随机因素影响	Charnes 等（1978、1984）；Caves 等（1982）；Färe 等（1989、1994）；魏权龄（1998）；王兵和颜鹏飞（2007）；徐晔和张秋燕（2009）；刘秉镰和李清彬（2009）；沈悦和郭品（2015）；张军（2015）

资料来源：Nadiri（1970）、Mahadevan（2003）、李福柱和杨跃峰（2013）等。

全要素生产率研究的另一种估算方法是非参数方法，其中最典型的是数据包络分析法（DEA），它是由著名的运筹学家查恩斯在相对效率概念的基础上发展起来的一种新的效率评价方法（Charnes 等，1978、1984）[53, 54]①。该方法考察在多种投入多种产出情形下，同类型单位各自

---

① 数据包络分析方法（DEA）有两类模型：不变规模报酬模型（CCR）由Charnes、Cooper和Rhodes（1978）提出，可用于测算包含规模效率的综合技术效率；可变规模报酬模型（BCC）由Banker、Charnes和Cooper（1984）提出，可以排除规模效率的影响。

效率的有效性，并根据线性规划的对偶理论来计算多投入多产出时有效生产前沿面状态。Caves 等（1982）[55]在不变规模报酬模型的基础上，首次阐述了应用曼奎斯特效率指数衡量全要素生产率的理论原理，Färe 等（1989、1994）[56, 57]在数据包络分析法基础上完善了用于指数测算的非参数线性规划技术，并依托距离函数将其分解为技术进步指数和技术效率指数。数据包络分析法能够较好地处理多投入多产出问题，而且无须对生产函数及其分布做任何假设，因此备受国内外学者的青睐，而且随着其应用范围不断扩展，新的模型指数相继问世。如 Grifell-Tatjé 和 Lovell（1995）[58]突破了规模报酬不变假设，提出了改进曼奎斯特效率指数；Ray 和 Desli（1997）[59]则将指数分解步骤精细化，进一步把技术效率指数分解为规模效率指数和纯效率指数；Maudos 等（1999）[60]基于卢卡斯经济增长模型对要素投入度量做了优化，将人力资本正式纳入核算范围。

综上所述，全要素生产率估算从最初的索洛余值法发展到随机前沿生产函数法，随后又形成了以数据包络分析法为代表的非参数方法，相关概念理论亦得到了逐步更新完善。需要强调的是，这些估算方法之间并无绝对的优劣之分，在国内相关经验研究中均得到了广泛应用，如张军和施少华（2003）[61]、郭庆旺和贾俊雪（2005）[62]、孙琳琳和任若恩（2005）[63]等采用索洛余值法估算了中国全要素生产率；王争等（2006）[64]、涂正革和肖耿（2006）[65]等使用随机前沿生产函数法研究了中国工业企业全要素生产率的波动趋势；数据包络分析法自魏权龄引入中国以来也取得了很多应用成果，出现于地区、产业以及企业层面的全要素生产率研究中（王兵和颜鹏飞，2007；徐晔和张秋燕，2009；刘秉镰和李清彬，2009；沈悦和郭品，2015；张军，2015）[66-70]。

3. 全要素生产率的影响因素

由于全要素生产率是"对我们无知的度量"，因此并没有一个标准的理论框架来探究其增长机制与决定因素。早期的研究在内生经济增长理论框架下探讨了全要素生产率的影响因素。例如：Solow（1957）[7]将全要素生产率增长全部归因于外生的技术进步因素；Arrow（1962）[71]将技术进步视为经济系统的内生变量，他认为技术进步是资本累积的副产品，主要来源于"干中学效应"和"技术溢出效应"；Lucas（1988）[72]、Barro（1991）[73]等认为人力资本不仅决定着经济系统的自主创新能力，还会影响技术追赶和扩散速度，因而对全要素生产率增长有重要影响；Romer（1986）[74]认为技术进步是通过投资的外部性实现的，他强调知识是物质资本投资的副产品且存在溢出效应，对社会中其他厂商的全要素生产率有显著影响；外商直接投资和进出口贸易为技术溢出效应提供了便利条件，有助于提高全要素生产率水平（MacDougall，1960；Grossman 和 Helpman，1991；Edwards，1998）[75-77]；对于发展中国家而言，制度变迁和政策调整等也是全要素生产率增长的重要源泉（North，1990；Stern，1991）[78, 79]。

随后，国内外学者相继给出了一些经验层面的相关证据，如 Leeuwen 和 Klomp（2006）[80]、余泳泽和张先轸（2015）[81]研究发现技术创新可以驱动全要素生产率增长；Los 和 Verspagen（2000）[82]、程惠芳和陆嘉俊（2014）[83]等的实证结果表明，研发资本溢出能够显著提高制造行业的全要素生产率；Miller 和 Upadhyay（2000）[84]、魏下海（2009）[85]、毛其淋和盛斌（2012）[86]等研究发现，人力资本和对外开放均有助于全要素生产率改善；Mujeri（2004）[87]、谢菲和尹宗成（2011）[88]、樊纲等（2011）[89]、赵文军和于津平（2014）[90]等的研究结果表明，市场化程度与全要素生产率显著正相关，这表明制度变迁会影响全要素生产率水平。此外，基础设施、教育与城市化水平等其他隐性因素对全要素生产率也有重要影响（魏下海和王岳龙，2010）[91]。

2.1.2 熊彼特创新理论

1912 年，约瑟夫·熊彼特率先提出了创新理论，并将其用于解释资本主义经济的产生与发展（Schumpeter，1934、1939、1942）[32, 92, 93]。然而，由于当时凯恩斯经济学理论占据着主流地位，熊彼特经济理论在问世之初并未引起足够重视。20世纪80年代以后，随着新一轮科技革命与内生经济增长理论兴起，阿格因和格鲁斯曼等学者开始重新审视熊彼特创新理论，他们将技术进步视为经济系统的内生变量，主张创新是技术进步、生产率增长的重要源泉（Aghion等，1992、1998；Grossman和Helpman，1993）[94-96]。

1. 创新的概念及其分类

熊彼特于1912年首次明确了创新的经济学内涵，即"建立一种新的生产函数"，或把一种生产要素和生产条件的"新组合"引入生产体系。索洛从过程视角明确了创新成立的前提条件，即新思想的来源与后续的实现；莫尔认为，创新是技术产品的创始、演进和开发过程；曼斯菲尔德和林恩将市场化纳入了创新范畴，其中菲尔德把创新定义为"首次引进一个新产品或新过程包含的技术、设计、生产、财务、管理和市场等步骤"（Solo，1951；Mansfield，1968）[97, 98]。伊诺思提出的定义侧重于企业管理角度，他认为创新是一系列活动的综合结果，涵盖了发明选择、资本投入、组织建立、计划制订、工人招聘和市场开辟等内容；费里曼重点强调了商业化过程，他将创新定义为"与新产品的销售或新工艺、新设备的第一次商业性应用有关的技术、设计、制造、管理以及商业活动"（Enos，1962；Freeman，1973）[99, 100]。缪尔塞则将创新定义为"一个以其构思新颖性和成功实现为特征的非连续性事件"（Mucser，1985）[101]。不难发现，上述学者对创新的界定普遍继承了熊彼特创新思想，概括起来有两种观点：①狭义的创新仅包含与技术有关的创新；②广义的创新泛指人类在认识和改造自然的过程中所积累的知识、经验和技能的总和，涉及技术、市场、管理以及组织等各个方面。国内学者傅家骥（1998）[102]根据第二种观点，将创新定义为"企业家抓住市场中潜在的盈利机会，以获取商业利益为主要目标，重新组织生产条件和要素，建立效能更强、效率更高和费用更低的生产经营系统，推出新的产品、新的生产方法，开辟新的市场，获得新的原材料或半成品供给来源或建立企业的新组织，它是包括科技、组织、商业和金融等活动的综合体现"。本研究以熊彼特思想为基础，参考傅家骥的研究，将创新界定为"企业家抓住市场中潜在的盈利机会，以获取商业利益为目标，重新组织生产条件和生产要素，建立或优化生产组织系统，推出新产品和工艺方法，开辟占领新的市场，获得新的原材料或建立企业的新组织，它是科技、组织、商业和金融等活动的综合体现"。

对创新的分类，也有多种参照标准。按照创新对象，创新可分为产品创新、工艺创新、市场创新、资源配置与组织创新；在《奥斯陆创新手册：创新数据的采集和解释指南（第3版）》中，产品创新和工艺创新被统称为技术创新，市场创新和组织创新可被归类为非技术创新。依据创新程度，创新可分为原始型创新、适度型创新、渐进型创新、非连续创新与模仿创新。从知识管理角度来讲，创新又可分为原始型创新、渐进型创新、构建型创新和模组型创新。英国苏塞克斯大学科学政策研究所将创新分为四种类型：原始型创新、渐进型创新、技术系统和技术经济范式变革（Henderson 和 Clark，1990；Mortensen 和 Bloch，2005；吴晓波等，2007）[103-105]。对创新的分类具有多样性，各学科领域中均有不同程度的简化应用，如 Dewar 和 Dutton（1986）[106]、Forés 和 Camisón（2016）[107]将企业创新策略空间简化为原始型和渐进型创新，研究发现知识资本雄厚的企业更倾向于推动原始型创新；易余胤等（2005）[108]研究了企业自主创新、模仿创新与市场结构演化之间的关系；吴翌琳（2015）[109]从企业层面探讨了技术创新和非技术创新对就业的影响。

2. 创新的测度方法

理论上，创新是一个非连续过程，而且具有高度不确定性，在实践中是难以精确度量的（Griliches，1990）[110]。早期的研究主要从投入或产出角度寻找创新的代理变量，常见的指标形式有专利数量、专利引用率、研发费用比率以及新产品销售收入等。20世纪60年代，施穆克勒首次使用专利数量衡量创新，由此拉开了创新经济学定量研究序幕。然而，Trajtenberg（1990）[111]指出，现实生活中并非所有发明专利都能成功转化为创新，使用专利引用率作为替代指标，可以提高创新测量精度。Archibugi 等（1992，1996）[112, 113]明确了使用专利作为创新指标的优缺点，具体如表 2.2 所示。在创新投入指标体系中，研发活动投入是最典型的指标，Soete（1987）[114]将企业研发支出费用占销售额的比率作为创新的衡量指标；而 Katz（1997）[115]在构建企业技术创新评价指标时考虑了研发人员投入的影响。需要注意的是，创新并非完全来自发明创造或新产品开发，而是一个多投入的学习过程，与产品营销、人员培训、市场开发等相关的活动也能提升创新绩效，所以在测度创新时还需要考虑非技术因素影响。遗憾的是，非技术创新测度的发展比较缓慢，目前多采用《奥斯陆创新手册（第 3 版）》中的测量量表获取一手调研数据，或者采用欧盟组织发布的企业创新调查数据，还有学者由非研发投入测度企业的非技术创新（Brouwer 和 Kleinknecht，1997；徐侠和孙颖，2016；李勇辉等，2016）[116-118]。此外，一些专业组织机构利用调查数据和统计方法，定期组织发布一系列的复合创新指数，如全球创新指数（Global Innovation Index，GII）、奥克拉荷马创新指数（Oklahoma Innovation Index，OII）、中国创新指数（China's Innovation Index，CII）以及欧盟创新指数（European Innovation Index，EII）等。这些指数综合考虑了创新投入、创新产出以及创新环境等各方面因素，能够更为全面地跟踪反映创新活动过程，但指数数据采集依旧偏重于技术层面，而且评价指标体系设置具有一定主观性。

表 2.2 创新测度方法体系

测度方法	常用指标	主要特点	相关文献
产出指标法	专利产出	• 数据易获得且覆盖面广 • 具有序列性以及可比性 • 专利发明并不等于创新 • 专利价值难以比较衡量 • 无法反映创新的全过程	Schmookler（1966）；Olivastro 和 Narin（1988）；Trajtenberg（1990）；Bain 和 Kleinknecht（1993）；Coombs 等（1996）；邵同尧和潘彦（2011）；罗思平和于永达（2012）

续表

测度方法	常用指标	主要特点	相关文献
投入指标法	研发投入	• 数据容易获取且可累加 • 研发不一定能带来创新 • 研发费用范围难以界定 • 无法反映创新的全过程 • 低估中小企业创新能力	Soete（1987）；Rosenberg 和 Kline（1981）；Kleinknecht 和 Brouwer（1997）；冯根福和温军（2008）；范承泽等（2008）；苟燕楠和董静（2014）；余泳泽等（2015）
复合指数法	全球创新指数	• 能够较全面反映创新过程 • 具有序列性和一定可比性 • 数据采集与指标计算复杂 • 评价指标体系具有主观性 • 应用范围会受到一定限制	Blackman 和 Seligman（1973）；Hagedoorn 和 Cloodt（2003）；Alcaide 和 Tortajada（2007）；崔维军和郑伟（2012）；吴晓云和张欣妍（2015）；桂黄宝（2014）；吴延兵（2012）

资料来源：Jacobsson 等（1996）；Rogers（1998）；Kleinknecht 等（2002）；Hagedoorn 和 Cloodt（2003）；王海威等（2005）；杨大楷和邵同尧（2010）；李勇辉等（2016）。

需要说明的是，在国内与创新相关的经验研究中，上述测度指标均有广泛应用。例如，范承泽等（2008）[119]、冯根福和温军（2008）[120]在研究中国外商直接投资、上市公司治理与企业技术创新的关系时，使用的是企业研发支出费用占销售额比率指标；余泳泽等（2015）[121]在探究中国区域创新活动的协同与挤出效应过程中，采用的是研发资本存量指标；罗思平和于永达（2012）[122]在研究"海归"人才对企业创新的影响时，选择了企业专利授权数量作为创新指标；崔维军和郑伟（2012）[123]等在国际创新能力的比较研究中，分别引用欧盟创新指数和全球创新指数作为参考标准；郑刚等（2008）[124]选用的则是基于文献引用的创新计量指标；吴晓云和张欣妍（2015）[125]基于英国技术创新调查系统量表，从研发投入、产品开发、市场拓展等维度构建了创新指数体系，并通过问卷调研方式获取一手数据。

3. 创新的生产率效应

熊彼特提出了创新概念并解释了经济周期现象，强调创新是经济发展的根本动力。Howitt 和 Aghion（1998）[126]对早期的熊彼特增长框架进行了修正，确立了资本积累和创新互补促进经济增长模型，指出创新能够克服资本积累过程中的边际报酬递减，带来技术进步或者全要素生产率增长。考察创新对全要素生产率影响的学者还有很多，Pakes 和 Griliches（1984）[127]基于知识生产函数模型的分析表明，R&D 能够提升生产率并具有很高的回报率。结合熊彼特创新思想和知识生产函数模型，Crépon 等（1998）[128]提出了一个分析创新活动与全要素生产率关系的模型，研究发现影响全要素生产率的是创新产出，而 R&D 投入只能通过知识生产过程间接影响企业生产率。同时，国内外学者也取得了大量的经验证据：Bosma 等（2011）[129]证实了熊彼特式"创造性破坏"对全要素生产率的积极影响；Geldes 等（2017）[130]参照《奥斯陆创新手册（第 3 版）》的分类标准，研究发现以工艺创新和产品创新为主的技术创新能够提升企业全要素生产率水平；刘晔等（2016）[131]分析了中国国有企业混合所有制改革对其全要素生产率的影响，研究发现，处在竞争性行业的国有企业改革之后的全要素生产率水平有明显的提高，而且知识产权保护程度还对国有企业混合所有制改革的生产率增长效应具有调节作用。此外，市场创新、组织创新等非技术创新也对全要素生产率存在积极影响（Mohnen 和 Hall，2013）[132]。

2.1.3 风险投资理论

在创新经济学理论中，熊彼特指出企业是创新的经济主体，企业创办必然离不开资本与信用支持。然而，由于创新是个高度不确定性过程，科技创业企业很难得到传统信贷资本的青睐，潜在的资金需求催生了风险投资萌芽，一些富裕家庭和个人开始资助新办企业。20 世纪 40 年代，美国研究与发展公司、惠特尼公司相继成立，标志着风险投资的正式诞生，并在全球范围内迅速蔓延，逐渐成为推动技术创新、经济增长的重要力量（Florida 和 Kenney，1988；Florida 和 Smith，1990；Florida 和 Samber，1994）[133-135]。

1. 风险投资的概念与分类

尽管风险投资理论研究已经持续了近半个世纪，但迄今为止尚未形成一个标准的"风险投资"的定义，目前学术界比较有代表性的定义如下。

美国风险投资协会（National Venture Capital Association，NVCA）率先提出了风险投资的概念："由职业金融家投入新兴的、迅速发展的、有巨大竞争力的企业中的一种权益资本"。欧洲风险投资协会（The European Private Equity and Venture Capital Association，EVCA）则将风险投资定义为"由专门的投资公司，向具有巨大发展潜力的成长型、扩张型或重组型的未上市公司，提供资金支持并辅之以管理参与的投资行为"。经济合作与发展组织（Organisation for Economic Cooperation and Development，OECD）曾指出，风险投资是专门购买在新思想和新技术方面独具特色的中小企业的股份，并促进这些企业形成和创立的投资，随后又在发布的《风险投资与创新研究报告》中将风险投资概括为"一种向极具发展潜力的新建企业或中小企业提供股权资本的投资行为"。中国国务院办公厅在下发的《关于建立风险投资机制若干意见的通知》中指出，风险投资（又称创业投资）是向主要属于科技型的高成长性创业企业提供股权资本，并为其提供经营管理和咨询服务，以期在被投资企业发展成熟后，通过股权转让获取中长期资本增值收益的投资行为。除此之外，国内外一些权威学者也相继提出了风险投资的定义，如美国著名经济学家 Greenwood（1999）[136]认为，风险投资是准备冒险的资本，它是为有发展潜力的新公司或新发展的产品承受最初风险的投资，而不是用来购置与这一公司或产品有关的各种资产的资本；Sahlman（1990）[137]则简要地将风险投资总结为"由专业人士管理的对私营创业企业发展不同阶段进行的股权投资"；我国著名经济学家成思危（1999）[138]曾系统地总结风险投资的特征，他认为风险投资是指把资金投向蕴藏着较大失败危险的技术创新领域，以期成功后取得高资本收益的一种商业投资行为。综合参考以上研究，本研究将风险投资定义为"由专业投资者向新兴科技创业企业提供权益性资本，并为其提供经营管理和咨询服务，以期未来通过股权转让获取长期资本增值收益"。

关于风险投资的类型,并没有一个标准的参考依据,国内外学者们基于不同的研究设想,提出了风格迥异的分类体系。例如:Jeng 和 Wells (2000)[139]在探讨风险投资发展因素时,曾经按照投资阶段将风险投资划分为种子期、成长期和成熟期投资;Pruthi 等(2003)[140]、Liu 等(2006)[141]在国际风险投资的比较研究中,按照资金来源将风险投资分为外资和本土风险投资;依据投资机构背景,Grilli 和 Murtinu(2014)[142]、Cumming 等(2014)[143]将风险投资划分为政府风险投资和独立风险投资;Leleux 和 Surlemont(2003)[144]、Lerner 和 Watson(2008)[145]则将风险投资分为公共风险投资和私人风险投资;另有学者的分类结果为政府风险投资和私人风险投资(Brander 等,2015;Zhang 和 Mayes,2018)[146,147]。在国内学者的一系列经验研究中:张学勇和廖理(2011)[148]基于中国风险投资活动的情境,将风险投资划分为外资风险投资、政府风险投资和混合风险投资三种类型;杨大楷和陈伟(2012)[149]探究了不同类型风险投资与被投资企业上市绩效之间的关系,但其分类结果为政府风险投资、企业风险投资和独立风险投资;马嫣然等(2018)[150]关注的是政府风险投资、公司风险投资和混合风险投资对企业创新的异质性影响;许昊等(2015)[151]同时考虑了股权比例的调节作用,把风险投资划分为外资风险投资、政府风险投资和民营风险投资。综合国内外已有文献,我们可以发现风险投资分类结果迥异,至今未形成统一的分类体系。

2. 风险投资的测度方法

风险投资交易信息常被视为商业机密,一般不对外公开或披露程度有限,国内外学者多从可得数据中挖掘其代理变量。在企业层面经验研究中,通常以虚拟变量来表示风险投资的参与和类型,如 Hellmann 和 Puri(2002)[152]、Engel 和 Keilbach(2007)[153]、黄艺翔和姚铮(2015)[154]采用二值虚拟变量来表示被投资企业是否有风险投资参与;Maula 等(2005)[155]、蔡地等(2015)[156]在风险投资类型变量构造中也使用虚拟变量。在国家、区域以及产业层面经验研究中，一般选择风险投资的交易数量、累计金额或相关比率作为风险投资代理变量，如 Bonini 和 Alkan（2012）[157]、涂红和刘月（2014）[158]、Ning 等（2015）[159] 研究区域风险投资市场影响因素时，使用风险投资交易数量和累计金额作为因变量；姚丽和郭永济（2017）[160]、Félix 等（2013）[161]、Groh 和 Wallmeroth（2016）[162] 等为了修正经济周期波动的潜在影响，使用的是各地区风险投资额占国民生产总值的比率；另有学者使用人均风险投资额指标；Kortum 和 Lerner（1998）[163] 等从产业层面探讨了风险投资与创新的关系，他们采用投资累计金额作为风险投资的代理变量。虽然代理指标在完备性方面尚存在一些缺陷，但鉴于风险投资数据的可得性，该测度方法依旧是目前经验研究中的主流方法，具体指标选择要根据研究问题而定。

3. 风险投资的影响因素

在全球范围内，风险投资空间行为呈现出了相似的规律，国内外学者集中探讨了风险投资空间集聚成因，早期研究主要探讨地理邻近性对风险投资活动的潜在影响。例如，Hellmann 等（2007）[164] 指出风险投资是一种关系型投资，投资者的行为空间依赖个人有限的社会网络范围，因此投资者只能在邻近的地理位置从事投资活动，这容易造成投资者的本地偏好。然而，风险投资的空间布局是多种因素共同作用的结果，其中外部发展环境就是一个重要因素（Leinbach 和 Amrhein，1987）[165]。理论与经验研究表明，风险投资活动强度与所在地区经济环境、科技环境、创业环境、金融环境以及社会文化环境因素等密切相关。在理论层面：Bygrave 和 Timons（2009）[166] 对美国风险投资外部发展环境进行了全面审视和考察，围绕风险资本内核，提出了政府政策环境、社会文化环境、机构环境和地区环境四维系统模型；Schöfer 和 Roland（2002）[167] 认为，风险投资的环境支撑系统包括经济、创业、社会和法律环境四个基本要素；国内学者李雪灵和蔡莉（2004、2006）[168, 169] 指出，风险投资环境系统主要包括经济、金融、科技、文化、法律和政策等；在此基础上，王培宏等（2007）[170] 评价了中国区域风险投资环境的有效性，指出国内与风险投资有关的法律与文化环境因素地区差异性并不显著；倪文新和袁娜（2012）[171]的研究进一步表明，政治文化环境等不是中国风险投资空间分布失衡的原因。不难发现，关于风险投资发展环境系统要素的分类，目前尚未形成统一标准，国内外学者在经验研究中所考察的因素也不尽相同，主要涉及宏观经济增长率、科技活动投入水平、创业活动水平、劳动力市场刚性、首次公开发行市场、企业并购市场以及社会资本等环境因素（Bonini和Alkan，2012；涂红和刘月，2014；张玉华和李超，2014；张忆琳，2018）[157, 158, 172, 173]。

2.1.4 资本账户开放理论

20世纪70年代初，针对发展中国家普遍存在的"金融抑制"现象，美国经济学家麦金农和肖提出了金融自由化理论，主张在发展中国家推动金融自由化改革，主要包括利率和汇率自由化、金融机构和业务自由化、金融市场准入自由化、资本流动自由化等。该理论指出开放资本账户、实现资本流动自由化，不仅可以增加投资总量，还能提高投资效率，从而促进经济增长。

1. 资本账户开放的概念

按照国际货币基金组织的定义，资本账户开放（Capital Account Openess）是指管理当局解除对资本和金融账户下跨境资本流动的限制①。其中，资本账户记录的是资本转移和非生产、非金融资产交易，金融账户是指对外资产和负债所有权变更交易，包括直接投资、证券投资和其他投资项目。国内外学者对于资本账户开放的内涵有着不同的理解，具有代表性的有以下几种：Quirk等（1995）[174]、张礼卿（2004）[175]等认为，资本账户开放是为了实现跨国资本自由交易，循序渐进地减少相关税负、

---

① 资本账户开放（Capital Account Openess），又被称为资本账户可兑换（Capital Account Convertibility）或资本账户自由化（Capital Account Liberalization），"Capital Account"有时也被译为"资本项目"。资本账户是国际收支表的重要组成部分，国际货币基金组织最新发布的《国际收支手册》中，原有的"资本账户"已改为"资本与金融账户"，但部分理论与经验研究依旧沿用"资本账户"的称谓。

财政补贴及其他限制措施的行为；李金声（1997）[176]、盛松成（2012）[177]等重点强调汇兑自由，认为资本账户开放是逐步放松资本账户管制、允许居民与非居民持有跨境资产及从事跨境资产交易、实现货币自由兑换的过程；姜波克和朱云高（2004）[178]则将资本账户开放理解为有步骤地解除对资本账户交易施加的货币兑换、对外支付和交易的各种限制，有条不紊地实现跨境资本自由流动的行为。虽然现有研究在资本账户开放的内涵界定方面尚存在争议，但从上述定义可以看出国内外学者的基本共识，即资本账户开放并不是完全放任跨境资本的自由兑换与流动，而是一种有限度管理下的自由兑换与流动。在此基础上，本研究参考国际货币基金组织的定义，将资本账户开放定义为"有序地解除对资本和金融账户下跨境资本流动的管制，实现有效监督下跨境资本自由流动的系列行为"。

2. 资本账户开放的测度方法

资本账户开放的测度，主要有约束式与开放式两类方法。其中，约束式测度是基于各国法律规定编制的资本账户管制指数，如 Quinn（1997）[179]以国际货币基金组织（IMF）定期发布的《汇率安排和外汇管制报告》为信息来源，分别从资本流入和资本流出的角度分析了不同国家对资本账户的管制差异，经过分类赋值得到国家资本账户管制指数；Montiel 和 Reinhart（1999）[180]则重点考察了新兴市场国家资本账户管制对跨国资本流动的影响，他们依据各国货币当局提供的信息将资本账户管制程度设定为三个基本等级，以反映不同国家对资本账户的管制程度；Chinn 和 Ito（2006，2008）[181, 182]在测度过程中对时间窗口进行了改进，他们使用五年期份额法重设了资本账户开放程度指标，同时考虑了经常账户管制程度、多重汇率等因素的影响；Quinn 和 Toyoda（2008）[183]则进一步修订了原有的 Quinn 指数，他们在原有指数构造的基础上引入时间因素，并将两大类资本项目管制指数设为五年期的均值；Klein 和 Olivei（2008）[184]依据经济合作与发展组织成员国的资本流动自由化情况和对各类投资项目的管制措施，构建了一个全新的衡量指标。另外，经济合作与发展组织（OECD）定期编制发布一份含有资本流动自由化指标的报表，从多个方面评价成员国对各类投资项目的管制情况。总体而言，这些指数只能反映政府对资本账户管制的意愿，无法衡量一国的资本管制的实际效果，具有一定的主观性且稳健性较差。

相比之下，开放式测度法则能够客观地反映跨国资本流动的实际情况，主要包括资本规模法、储蓄率-投资率法和利率差异法。Kraay（1998）[185]参考国际贸易开放测度方法，采用跨国直接投资、证券投资以及其他投资流量规模占国民生产总值的比率来衡量资本账户开放的程度；Lane 和 Milesi-Ferreti（2002）[186]则改用跨国资本存量比率指标，避免了流量指标的噪声影响，但在资本折旧率的选取方面引起一定争议。Feldstein 和 Horioka（1980）[187]则开创了储蓄率-投资率法，他们认为在国家资本流动存在管制的情况下，国内储蓄与投资之间的关系将会更加紧密。不过也有学者对该方法提出了质疑，例如 Obstfeld（1985）[188]强调，储蓄率和投资率的相关性随着经济规模增长而加强；Jerry 等（1998）[189]则指出，即使在国家资本完全自由流动的情况下，储蓄率与投资率的相关性也可以非常高。此外，Edwards 和 Khan（1985）[190]还提出了基于利率平价理论的测度方法，他们认为在资本可以自由流动的前提下，国内利率与国际利率应该符合利率平价关系。

表2.3 资本账户开放的测度体系

测度体系	代表方法	主要特点	相关文献
约束型测度	• MR 指数 • Quinn 指数 • KAOPEN 指数 • KA 指数	此类方法反映的是政府对资本账户管制的意愿，无法衡量一国的实际资本管制程度及其变化，具有一定的主观性且稳健性较差，常见于国家层面的研究	Quinn（1997）；Montiel 和 Reinhart（1999）；Chinn 和 Ito（2006、2008）；Quinn 和 Toyoda（2008）；Klein 和 Olivei（2008）；熊衍飞等（2015）；朱冰倩等（2015）；郭桂霞和彭艳（2016）

续表

测度体系	代表方法	主要特点	相关文献
开放型测度	• 资本规模法 • 储蓄率-投资率法 • 利率差异法	此类方法能够客观地反映跨国资本流动的现实情况与动态变化，但其中某些方法易受到内生性问题的困扰，常见于国家与区域层面的研究	Kraay（1998）；Feldstein和Horioka（1980）；Edwards和Khan（1985）；王锦慧和蓝发钦（2007）；张屹山和张鹏（2010）；李向阳和丁剑平（2014）；肖卫国等（2016）

资料来源：Edison 等（2004）；Henry（2007）；Gochoco-Bautista 和 Sotocinal（2014）；蓝发钦（2005）；华秀萍等（2012）；李轩（2013）；王雷（2015）。

在国内有关资本账户开放的经验研究中，上述测度方法均有广泛的应用。在约束式测度法应用方面：熊衍飞等（2015）[191]在资本账户开放程度与宏观经济波动的关系研究中，采用了修正的 Quinn 指数；朱冰倩和潘英丽（2015）[192]考察 G20 国家资本项目开放决定因素时，直接调用了世界经济自由度指数体系中的资本项目自由度指标；郭桂霞和彭艳（2016）[193]在探究中国资本账户开放门槛效应时，选用的是 Chinn-Ito 指数。在开放式测度法应用方面：王锦慧和蓝发钦（2007）[194]、张屹山和张鹏（2010）[195]考察中国资本账户开放与经济增长的关系时，采用了资本规模法；钟娟等（2013）[196]在对资本账户开放、资本流动与金融稳定的研究中，选用了改进利率差异法。

3. 关于资本账户开放的争论

在国际学术研究中，资本账户开放的利弊之辨由来已久。Crockett（1991）[197]、Fischer（1997）[198]指出，资本账户的开放将会有助于提高全球经济效率和福利，主要表现在以下几个方面：第一，资本账户的开放将进一步促进国际金融的分工与合作，使得全球经济变得更有效率；第二，资本账户的开放有助于提高国家金融系统的效率，并可能诱发一系列的金融工具创新，可更好地服务于实体经济；第三，解除资本账户管制将会提高资金从储蓄者向投资者转移的效率，储蓄将被分配到生产率高的投资领域和地区；第四，国家资本账户的开放便于国内居民或企业在全球范围配置资产，这将有助于减轻来自国内金融系统风险的冲击，保障收入和财富稳定性。Edison 和 Klein（2004）[199]指出，逐步取消对资本流动的各种限制，吸引外国资金进入本国资本市场，可使国内企业的融资渠道趋向多元化，同时外国资本进入也带动了国内金融工具的创新。然而，发展中国家开放资本账户的实践经验表明，减少或取消资本管制往往伴随着系统性金融风险，一些学者开始重新审视资本账户开放的意义并提出了质疑。Mathieson 和 Rojas-Suarez（1992）[200]指出，在发展中国家的资本账户开放过程中，解除对资本账户的管制往往会导致短期资本流动急剧增加，在资本完全自由流动的条件下，货币政策独立性与汇率稳定之间存在明显冲突，此时宏观经济将面临动荡的风险（Fleming，1962；Mundell，1963）[201, 202]。同时，不合时宜的资本账户开放还可能造成发展中国家银行业危机和金融部门紊乱，甚至可能引发系统性的金融危机（张礼卿，1998a，1998b）[203, 204]。

国内关于是否加快推进资本账户开放的争论不绝于耳。有些学者认为我国资本账户开放条件已经基本成熟，如盛松成（2012、2013）[177, 205]、彭文生（2012）[206]、王曦等（2015）[207]以及中国人民银行调查统计司课题组的研究表明，我国宏观经济稳定、监管体系完善、外汇储备充足，正处在资本账户开放的战略机遇期，资本账户开放不仅有助于推动人民币国际化，还能倒逼国内改革，增强货币政策独立性。然而，余永定等（2014、2012）[24, 208]、张明（2016）[209]、邹静娴和张斌（2018）[210]等则对此持审慎的态度，他们指出如果当前推进资本账户开放，中国极有可能面临大规模的资本外流，借助资本账户开放倒逼国内结构性改革伴随着系统性风险，而且在利率与汇率非市场化下推进人民币国际化，会引起跨境套汇与套利行为泛滥。林毅夫（2013）[25]则明确反对中国加速资本账户开放，他认为国家经济增长主要依靠国内原始资本积累，以股票、风险投资等直接融资为主的金融结构并不完全适合发展中国家，而且在当前国内金融体系结构尚未健全的情况下，加速开放资本账户只会造成经济频繁波动，其潜在的危害要远远大于收益。杨小海等（2017）[25]对当下中国对外股权投资逐渐开放的过程进行了政策模拟，结果表明无论在哪种政策安排下，放松资本管制均会导致中国面临资本外流压力，而且流出的速度会随着管制程度的放松而加快。所以，经济结构改革应优先于资本账户开放，加快推进金融体系改革有助于缓解资本账户开放带来的资本外流压力。

2.2 国内外文献综述

2.2.1 风险投资与全要素生产率

长期以来，风险投资与全要素生产率间的关系备受学术界关注，国内外学者分别从知识扩散、技术创新以及制度变迁等角度阐述了相关理论原理，并取得了一些经验层面的证据。在理论研究层面，Romain 和 Van Pottelsberghe（2004）[211]认为风险投资是一种知识资本，它对全要素生产率增长的贡献主要来源于对企业创新活动的激励效应。一方面，风险投资可以通过参与企业创新活动直接驱动全要素生产率增长；另一方面，风险投资可以通过提高企业所在地区知识吸收能力间接驱动全要素生产率增长。Ueda 和 Hirukawa（2003）[212]指出，创新通常首先在某个企业内产生并形成竞争优势，这会迫使其他企业进行模仿创新或者引进新技术，最终会带来整个行业生产率的提升。在上述研究基础上，国内学者高波（2003）[213]指出风险投资市场实际上是一个知识、技术与资金的交互网络，并确立了风险投资生产率溢出效应的分析框架：知识创新、技术扩散、人力资本积累、组织成长与制度变迁。这种溢出效应本质上是一种经济增长效应，风险投资通过特定的空间网络实现了跨区域流动，通过推动当地知识创新与技术转化，使得生产率得以持续提高，从而实现报酬递增的经济增长模式。任宇航和夏恩君（2006）[214]则把风险投资视为一项制度创新和变迁，风险投资能够参与企业创新、产品开发及其产业化的全过程，而不只是一种单纯的金融支持，能够为高新技术产业化和成长提供激励机制，通过产业链拉动和技术扩散带动生产率提高。费一文等（2013）[215]认为除了改善公司治理环境、降低委托代理成本和优化企业投资决策之外，风险投资还能壮大企业以及关联产业规模，能够通过规模经济效应提升全要素生产率。

在经验研究层面，Romain 和 Van Pottelsberghe（2004）[211]的实证研究结果表明，风险投资能够提高经合组织成员国全要素生产率水平。在产业层面的相关研究中，Hirukawa 和 Ueda（2011）[216]的研究却表明，虽然风险投资有助于增加美国制造业专利产出，但是对其全要素生产率水平并没有显著的影响。在企业层面的相关研究中，Chemmanur 等（2011）[217]研究发现，风险投资的参与能够显著提高被投资企业全要素生产率水平，他们同时指出全要素生产率增长主要来自风险投资机构的项目筛选与增值服务功能。其中，项目筛选发挥着类似市场配置功能，能够使得社会资源流向具有成长潜力的企业，而增值服务有助于改善公司治理结构和专业化程度。Croce 等（2013）[218]以欧盟国家的生物科技企业作为样本来源，其估计结果同样表明风险投资持续驱动企业全要素生产率增长，但这种生产率差异在企业获得投资之间并不具有统计意义上的显著性，说明其增长源于风险投资的增值服务而非项目筛选功能。与国外丰富的研究成果相比，国内学者对风险投资对全要素生产率影响的研究较少，尹洁（2012）[219]研究发现，中国的风险投资依旧停留在套利阶段，并不具备激励企业创新的价值，也无法帮助高新技术产业引进先进技术和管理经验，所以风险投资增加显著降低了中国高新技术产业全要素生产率水平。周方召等（2013）[220]的估计结果也表明，风险投资的参与对中国物联网上市企业的全要素生产率并没有显著影响，其可能的原因在于中国资本市场体系不完善和不成熟，尤其是目前多数风险投资机构追求 IPO 溢价收入的短期行为，无法发挥增强企业研发能力、促进管理技术和要素有效配置的功能。赵静梅等（2015）[221]指出，风险投资总体上并没有改善企业生产效率，但这主要是由低声誉风险投资机构导致的。

表2.4 风险投资与全要素生产率：经验研究示例

作者信息	样本来源	模型方法	相关结论
1）区域层面			
Romain 等（2004）	OECD 1990—2001	固定效应模型 GLS 估计	风险投资能够显著提高全要素生产率水平
金雪军等（2007）	中国省级区域 2003—2005	固定效应模型 OLS 估计	风险投资对改善全要素生产率的贡献并不显著
杨逸君（2010）	中国省级区域 2003—2010	向量自回归模型 Granger 检验	从长期来看，风险投资与全要素生产率存在显著的因果关系
2）产业层面			
Ueda 等（2003）	美国制造业 1965—2001	向量自回归模型 GLS 和 ML 估计	风险投资对全要素生产率没有显著的影响
Ueda 等（2006）	美国制造业 1965—2001	向量自回归模型 OLS 和 IV 估计	风险投资能够显著增加专利，但不能有效改善全要素生产率
Ueda 等（2011）	美国制造业 1965—2001	向量自回归模型 OLS 和 GMM 估计	风险投资对全要素生产率没有显著的影响
尹洁（2012）	中国科技产业 2003—2010	多元线性回归模型 OLS 估计	风险投资额的增加降低了高新技术产业全要素生产率
3）企业层面			
Chemmanur 等（2011）	美国工业企业 1972—2000	断点回归分析	风险投资的参与能够显著提高被投资企业全要素生产率水平
周方召等（2013）	中国上市企业 2009—2011	固定效应模型 OLS 估计	风险投资对中国物联网上市企业全要素生产率无显著影响
Croce 等（2013）	欧洲创业企业 1984—2004	固定效应模型 GMM 估计	风险投资的参与能够显著提高创业企业全要素生产率水平
赵静梅等（2015）	中国上市企业 2004—2012	Heckman 模型 OLS 估计	风险投资与全要素生产率之间的关系因投资者的声誉而异

不难发现，虽然风险投资理论上可以带来全要素生产率增长，但是现有学者在经验层面尚未达成广泛共识，同时存在"正面效应""负面效应""中性影响"等不同观点。究其原因，现有学者普遍把风险投资视为"均质"的，但不同背景的风险投资在提升全要素生产率方面可能存在差异，风险投资整体上能否提升全要素生产率水平取决于其资本来源构成。如 Pruthi 等（2003）[140]的研究表明，不同背景的风险投资机构的项目筛选与增值服务能力存在差异，因而其投资成效有所不同。钱苹和张帏（2007）[222]研究发现，国有风险投资的回报率显著低于非国有风险投资。同时，被投资企业经营绩效、治理结构、生产效率以及 IPO 市场表现等也因风险投资背景而异，如张学勇和廖理（2011）[148]的研究表明，相对于政府背景风险投资参与的企业，外资和混合型背景风险投资参与企业的 IPO 抑价率较低，股票市场累计异常回报率较高，民营背景风险投资参与的企业与政府背景参与的企业并无显著差异。在被投资企业创新绩效方面：Guo 和 Jiang（2013）[223]研究发现，联合风险投资有助于增加企业研发投入，外资对企业增值的作用要大于本土投资；Guo 等（2017）[224]认为，与政府风险投资相比，私人风险投资能够更好地提高企业专利产出。

2.2.2 资本账户开放与全要素生产率

金融自由化理论认为，资本账户开放既可以增加国家资本总量，又能改善地区生产效率，能够持续驱动经济增长。然而，Borensztein 等（1998）[225]的研究结果却表明，资本累积效应对经济发展的贡献只是短期的，经济长期增长主要源于全要素生产率改善。随后，学者们重点研究了金融自由化与全要素生产率之间的关系。

在理论研究层面，Wurgler（2000）[226]、Jain-Chandra（2002）[227]等指出，资本账户开放有助于改善新兴市场国家资本市场流动性和信息有效性，能够通过提升发展中国家资本的资本配置效率驱动全要素生产率增长。Claessens 等（2001）[228]的研究表明，资本账户开放通常具有"附带收益",它有助于促进东道主国家金融部门发展和金融体系完善并提高生产率。具体而言,通过金融开放在本国金融业引入竞争机制,能够及时淘汰竞争力差的低效率金融机构,形成有效的价格传导机制,促进资金流向高生产率部门,进而提升整体生产效率。此外,资本账户开放还可以通过改善公司治理结构、分散风险和信号发送等机制提高全要素生产率水平(Bekaert 等,2006)[229]。国内学者陈雨露和罗煜(2007)[230]指出资本账户开放有利于新技术传播和新制度普及,尤其是发展中国家资本相对缺乏,可通过外资引进带动国内的技术创新、产业结构升级和制度变迁,从而促进全要素生产率增长。陈创练等(2016)[231]的分析表明,外资进入所带来的市场竞争效应、人员流动效应、生产示范效应以及产业关联效应均有助于提升全要素生产率水平。罗子嫄和靳玉英(2018)[232]从企业融资约束的角度指出,资本账户开放能够缓解金融市场中的信息不对称,促使资本从低收益企业向高收益企业转移,通过改善资本配置效率来提高全要素生产率水平。

在经验研究层面,Bonfiglioli(2008)[233]研究发现,金融自由化对发达国家的全要素生产率有积极影响。Kose 等(2009)[234]以资本账户开放程度作为金融自由化代理变量,分别考察了不同类型资本账户开放对经合组织成员国全要素生产率的影响,其估计结果表明,直接投资、证券市场的开放程度与全要素生产率之间存在显著正相关关系,而债务市场的开放对全要素生产率并没有显著的影响。Bekaert 等(2011)[235]研究发现,在控制了制度环境影响之后,资本账户开放对全要素生产率仍然具有持久影响。Gehringer(2015)[236]的分析表明,资本账户开放有助于全要素生产率增长和资本累积,但在不同的经济活动之间有所差别,对制造业的作用要大于对服务业的作用。Larrain 等(2015)[237]研究发现,资本账户开放还能通过提高投资在企业间的配置效率来驱动国家全要素生产率增长。国内学者米运生(2009)[238]以银行业为重点,考察了金融自由化对中国全要素生产率的影响,其估计结果表明,中国金融自由化等能够有效驱动全要素生产率增长;林季红和郭志芳

(2013)[239]从外资进入角度间接证实了资本账户开放对全要素生产率的积极影响；崔虹（2013）[240]从企业微观层面检验了资本账户开放的影响，研究结果表明，资本账户开放通过减轻融资约束推动企业全要素生产率增长，但二者的关系因企业产权属性和资产规模而异，仅对中小企业和私营企业的全要素生产率存在积极影响，对国有、外资企业并没有显著影响，甚至还阻碍了特大型企业全要素生产率的增长；陶爱萍等（2015）[241]证实了金融市场化在改善工业服务业全要素效率方面的积极作用；逄淑梅等（2016）[242]研究发现，金融开放有助于区域技术进步和全要素生产率改善，而且对全要素生产率的影响要远大于对技术进步的影响。

表 2.5 资本账户开放与全要素生产率：经验研究示例

作者信息	样本来源	模型方法	相关结论
1）区域层面			
Kose 等（2004）	OECD 1966—2005	动态面板回归模型 GMM 估计	直接投资、证券市场的开放程度与全要素生产率显著正相关
米运生（2009）	中国国家层面 1992—2006	多元线性回归模型 OLS 估计	中国金融自由化能够有效驱动国家全要素生产率增长
Bekaert 等（2011）	全球 96 个国家 1980—2006	固定效应模型 OLS 估计	资本账户开放对国家全要素生产率的影响要大于资本积累
Gehringer 等（2013）	欧洲国家 1990—2007	动态面板回归模型 GMM 估计	资本账户开放与地区全要素生产率水平显著正相关
2）产业层面			
白媛（2012）	中国石化行业 1999—2007	固定效应模型 Ganger 检验	经济开放程度和外商资本比重与全要素生产率显著正相关
Gehringer 等（2015）	欧洲制造服务业 1980—2009	动态面板回归模型 GMM 和 IV 估计	资本账户开放对制造业生产率的影响要显著大于服务业
陶爱萍等（2015）	中国工业服务业 2001—2012	固定效应模型 OLS 估计	金融自由化对工业和服务业全要素生产率增长的影响都是显著的

续表

作者信息	样本来源	模型方法	相关结论
Sulimierska（2016）	荷兰制造业 1995—2007	多元线性回归模型 OLS 和 DID 估计	资本账户开放对全要素生产率存在显著的正向影响
3）企业层面			
Galindo 等（2007）	发展中国家企业 1990—1998	多元线性回归模型 OLS 估计	金融自由化能够提高发展中国家投资在企业间的配置效率
崔虹（2013）	中国企业 1998—2007	固定效应模型 OLS 估计	资本账户开放对中小企业和私营企业全要素生产率有显著正向影响
钟娟等（2013）	中国上市企业 1997—2011	动态面板回归模型 GMM 估计	金融自由化能够改善中国投资在企业之间和产业之间的配置效率
Larrain 等（2015）	西欧国家企业 1996—2013	固定效应模型 OLS 估计	资本账户自由化通过改善投资配置效率提高国家全要素生产率

无论是从理论层面还是从经验层面来讲，绝大多数研究表明资本账户开放有助于提升全要素生产率水平，而且其对全要素生产率的影响不仅因资本账户类型（直接投资、证券投资和其他投资项目）而异，还在不同经济活动单位（国家、行业和企业）之间有所差别。需要说明的是，国内外学者多关注欧美发达国家资本账户开放的增长效应，对新兴市场国家的关注相对较少，而资本账户开放的经济效应还可能因发展阶段而异。如崔远淼和李昌克（2016）[243]的研究表明，当一国处在经济发展初级阶段时，与发达国家之间的技术差距较大，资本账户开放更多地通过加速资本累积的方式来推动经济增长，随着资本累积和技术水平攀升，资本账户开放对经济发展的影响更多地表现为全要素生产率增长。不仅如此，资本账户开放的生产率增长效应还存在门槛效应，如 Dabla-Norris（2016）[244]考察了经济自由化改革在新兴市场国家

实践中的经济成效，研究发现资本账户开放的全要素生产率增长效应还因初始经济条件、制度环境等而异，只有少数国家能够从资本账户开放中获得经济福利。

2.2.3 资本账户开放与风险投资

资本账户开放对国家资本市场有多重影响。在资本累积方面，按照新古典经济理论，跨境资本应从富裕国家流入相对贫穷的国家。然而，现实世界中流向发达国家的资本量要高于流向发展中国家或地区的资本量，这一现象称为"卢卡斯悖论"[245]。从经验研究来看：Alhorr 等（2008）[246]考察了经济一体化政策对欧盟国家风险投资跨国流动的影响，研究发现区域市场一体化和货币一体化均能加速跨国风险投资流动，促使风险投资流向资本相对稀缺的国家；Cherif 和 Gazdar（2011）[247]的估计结果表明，经济自由度与欧洲国家风险投资募集总量显著正相关性，但对早期风险投资活动没有明显影响，从侧面说明了资本账户开放有助于国内风险资本累积；Hernán 等（2014）[26]从外资进入角度间接证实了资本账户开放对资本积累的影响，其估计结果表明外商直接投资有助于增加国家风险投资总量，但二者之间的关系受政治风险、破产保护制度环境等因素的调节。国内学者也证实了资本账户开放在中国资本积累和经济发展过程中的重要作用。荣晨和董曌（2014）[248]研究发现，发展中国家资本账户开放度与其资本形成总额增长率显著正相关；孙力军（2008）[249]的研究表明，外资进入对中国资本积累和经济增长的影响是非线性的，其边际贡献随着外资规模的增加不断衰减。值得注意的是，资本账户开放过程伴随着资本外逃风险，如周工等（2016）[250]基于向量自回归模型（Vector Autoregression Model，VAR）的估计结果表明，资本账户开放程度对中国资本流向有显著影响。具体来讲，由资本账户开放引起的证券投资流入量大于流出量，直接投资和净贸易信贷流入量大于流出量，短期内使得中国证券投资净流入、直接投资和贸易信贷净流出。

在资本结构方面，虽然国内外学者尚未直接考察资本账户开放对风险投资市场结构的影响，但是考虑到风险投资属于直接投资项目范畴，可采用国际直接投资领域的相关研究作为初步的线索来源①。理论上，资本账户开放有助于增加跨国资本流动，外资进入既可能通过示范模仿、产业关联等产生挤入效应，也会通过竞争效应淘汰本土企业并产生挤出效应。如 Chenery（1967）[251] 提出的"两缺口理论"表明外资流入对国内资本形成具有积极影响；Todaro（1977）[252] 指出，跨国公司凭借经济实力在东道国形成垄断或者排他性竞争，削弱了国内企业的生产能力和投资能力。同时，跨国公司在技术、人才和管理经验等资源方面并不会对国内企业提供直接有效的帮助，反而会利用垄断生产、对市场的控制力等来限制国内企业生存发展。从经验研究层面来看，Borensztein 等（1998）[225] 的估计结果表明，外资进入的经济效应取决于东道国的资源要素禀赋和制度环境，对多数发展中国家投资存在挤入效应；罗长远（2007）[21] 的研究表明，在中国对外资采取超国民待遇政策，并鼓励它们与国有企业进行合作的情况下，外资进入挤入了大量国有投资，但对私人投资没有明显影响；朱轶和熊思敏（2009）[253]、彭红枫等（2011）[22] 却发现，外资进入对中国国内资本存在结构性挤出效应，各地政策性引资优惠造成了外资对民营投资的挤出。关于外资进入的经济效应，已有研究尚未取得一致结论，但无论是存在挤入效应还是存在挤出效应，外资进入都会带来投资市场规模与结构的变动。

在资本效率效益方面，资本账户开放不仅有助于资源在全球范围内进行合理配置，还可以通过引入国际金融机构来增强国内金融市场竞争，提高资金在企业间或产业间的配置效率和边际效用。Abiad 等

---

① 资本项目开放涉及三个领域：直接投资、证券投资和债务等其他投资项目。在国家资本账户中，风险投资通常属于直接投资项目范畴，一般是以外商直接投资形式在国际资本市场中流动的（Agmon和Messica，2009；Sonal和Leblang，2012）。

（2008）[254]的研究表明，资本账户开放、利率市场化等金融自由化改革均能改善配置效率，促使资本从低生产率企业配置到高生产率企业；国内学者范学俊（2008）[255]的研究表明，中国金融体系资本配置功效低下，无论是在短期还是在长期，金融自由化都能提高资本配置效率，资本配置效率改善又会带来全要素生产率增长。钟娟等（2013）[196]研究发现，中国金融自由化对投资配置效率有正向作用，促使投资更多地配置到高边际产出企业，金融发展对资本配置效率并没有显著的影响。与此同时，也有学者考察了资本账户开放对本土投资效益的影响。王喜（2014）[256]研究发现，由于本土企业吸收能力不足、技术溢出渠道不通畅等，外资进入的市场攫取效应凸显并降低了本土投资效益；李泽广和吕剑（2017）[257]的实证分析表明，金融开放带来了国家投资效率提升，并降低了处在不同收入水平国家投资产出离散程度，只有金融发展水平超高门槛值才能分享金融开放过程中的效率福利。

表2.6 资本账户开放与风险投资：经验研究示例

作者信息	样本来源	模型方法	相关结论
1）资本数量			
Alhorr等（2008）	欧盟成员国家 1985—2002	固定效应模型 OLS估计	经济一体化能够加速国际风险资本流动
Cherif等（2011）	欧盟成员国家 1996—2006	固定/随机效应模型 OLS估计	金融自由度与风险投资募集总量存在显著正相关关系
Hernán等（2014）	新兴市场国家 1996—2010	多元线性回归模型 PSCE估计	外资进入有助于增加一国风险投资的总量
荣晨等（2014）	全球172个国家 1970—2011	多元线性回归模型 OLS估计	资本账户开放度与资本形成总额增长率显著正相关
2）资本结构			
Borensztein等（1998）	欧盟成员国家 1970—1989	多元线性回归模型 SUR估计	外商直接投资对发展中国家的本土投资存在挤入效应

续表

作者信息	样本来源	模型方法	相关结论
罗长远（2007）	中国省级区域 1987—2001	固定/随机效应模型 OLS & IV 估计	外资进入中国挤入了大量国有投资，但对私人投资并没有影响
彭红枫等（2011）	中国省级区域 1985—2008	线性/空间回归模型 OLS & KF 估计	外资进入对中国国内资本存在结构性挤出效应
Brander 等（2015）	全球25个国家 2000—2008	多元线性回归模型 OLS & Tobit 估计	政府风险投资对私人风险投资存在挤入效应
3）资本效率			
Galindo 等（2005）	发展中国家 1990—1998	多元线性回归模型 OLS & GMM 估计	资本账户开放、利率市场化等金融改革能够改善资源配置效率
范学俊（2008）	中国上市公司 1992—2005	向量自回归模型 Granger 检验	金融自由化能够改善投资在中国产业间和企业间的配置效率
Hernán 等（2014）	新兴市场国家 1996—2010	多元线性回归模型 PSCE 估计	外资进入促使更多的风险投资流向高成长性的科技企业
李泽广等（2017）	全球82个国家 1985—2008	固定效应模型 OLS 估计	金融开放带来了投资效率的显著增长，降低了质量效应离散程度

由此可见，国外学者已经初步证实了资本账户开放对风险投资活动强度和规模的积极影响，但有关市场结构与效益方面的研究成果依旧相对匮乏，考虑到风险投资在资本账户中属于直接投资项目，可采用国际直接投资领域的相关研究结论作为初步线索依托。例如，Hernán 等（2014）[26]正是从外商直接投资进入角度分析了其对风险投资活动强度的积极影响。虽然有关外商直接投资对国内资本的挤入挤出效应，已有研究尚未取得广泛共识，但无论是存在挤出效应还是

挤入效应，资本账户开放均有可能对国内投资市场结构产生影响。与此同时，资本账户开放还可能对资本效率效益产生影响，仅凭某一方面的经济效应难以界定相关政策的利弊，未来在评价研究中需要加以综合考量。另外需要注意的是，发展中国家在金融结构上多半是扭曲的，资本账户开放过程伴随着资本外逃风险，严重时可能会引发系统性金融危机。

2.3 本章小结

2.3.1 已有研究评价

针对本研究提出的研究问题，通过系统梳理相关理论及文献可以看出，风险投资、资本账户开放和全要素生产率的概念及相关测度方法具有多样性，需要明确主题名词概念和界定研究范畴。

全要素生产率，是指一个经济系统总产出变动中无法被劳动、资本等生产要素投入解释的部分，它代表的是该系统内技术水平、生产组织管理以及要素配置等方面的综合变化。

风险投资，是指由专业投资者向新兴科技创业企业提供权益性资本，并为其提供经营管理和咨询服务，以期未来通过股权转让获取长期资本增值收益。

资本账户开放，是指有序地解除对资本和金融账户下跨境资本流动的管制，实现有效监督下跨境资本自由流动的一系列行为。

需要注意的是，资本账户开放涉及直接投资、证券投资以及其他投资项目等多个领域，考虑到合格境外有限合伙人（QFLP）、人民币合格境外有限合伙人（RQFLP）制度是针对外商股权投资企业设立的，它们在资本账户中属于直接投资项目范畴，因此本研究重点研究直接投资项目开放问题。

现有学者在考察风险投资、资本账户开放和全要素生产率的关系时，多局限在某两个变量的关系分析框架之内，同时，每个独立的专题研究领域也还存在着一些局限。

第一，风险投资与全要素生产率。全要素生产率起源于对经济增长源泉的探索，有关风险投资对全要素生产率影响机理的分析多浮于表面，尚未有学者探讨其内在作用路径。而且，尽管国内外学者已经从经验层面考察了风险投资对全要素生产率的影响，但他们普遍将风险投资视为"均质"的，在经验层面也未达成广泛共识，存在"正面效应""负面效应""中性影响"等观点。

第二，资本账户开放与全要素生产率。尽管国内外学者分别从理论和经验层面证实了资本账户开放对全要素生产率的积极影响，但资本账户开放的生产率增长效应还可能随着经济活动单位或者经济发展阶段的变化而变化。考虑到现有研究多以欧美发达国家作为样本来源，资本账户开放能否在经济新常态下提升中国全要素生产率水平有待进一步检验。

第三，资本账户开放与风险投资。理论上，资本账户开放对国内资本市场具有多重影响，国内外学者初步证实了资本账户开放对风险投资活动强度和规模的积极影响，但有关资本结构和效率效益等方面的经验研究相对匮乏。需要特别说明的是，由于资本账户开放可能对资本累积、市场结构以及资本效益等方面同时存在影响，仅凭某一方面效应还难以界定相关政策的既有成效，未来需要在评价研究中加以综合考量。

从研究方法来看，区域经济活动通常伴随着一定的空间相关性。然而，结合表2.4、表2.5和表2.6中所列出的文献可知，国内外学者从区域层面考察风险投资、资本账户开放与全要素生产率间的关系时，多采用传统计量经济学方法，尚未将空间相关性纳入模型之中，这极有可能会引起估计偏误问题，而非参数协方差估计和空间计量经济学方法可避免上述问题。姚丽和郭永济（2017）[160]、张忆琳（2018）[173]等从空间经济学视角考察风险投资的溢出效应或者影响因素时，普遍忽略了对空间溢出形式的探讨,采用空间杜宾模型(SDM)、空间滞后模型(SAR)或空间误差模型(SEM)。按照 LeSage(2014)[30]的分析,现实世界中的空间溢出形式多为局域溢出,在设定空间计量模型之前,首先需要判定空间溢出形式,否则可能发生模型误设问题,进而影响估计结果的可靠性。由此可见,虽然少数学者注意到了风险投资活动中的空间相关性,但他们对于空间计量模型的设定还有待进一步改善。

2.3.2 对本研究的启示

虽然现有研究尚未直接考察本研究提出的关键问题,但是相关领域的研究具有一定参考借鉴意义。

第一,按照熊彼特增长范式,由利润驱动的创新是全要素生产率增长的重要来源。企业层面相关研究表明,外资、国有和民营风险投资机构的项目筛选和增值服务能力有所不同,它们所投资的企业的创新绩效、经营效率以及 IPO 市场表现等均存在显著差异,可以作为考察不同背景的风险投资提升全要素生产率异质效应的初步线索依托。需要特别说明的是,企业层面的研究并不能完全替代宏观层面的分析,原因如下:首先,如前所述,企业层面的经验研究难以捕捉到风险投资的整体效应;其次,外资、国有和民营风险投资活动规模存在差异,它们的实际经济效益还可能受到资本报酬边际递减规律影响。

第二,按照法瑞尔技术效率理论,全要素生产率增长不仅来源于技术进步,还来源于技术效率改善。结合以往高波(2003)[213]等的分析可知,风险投资不仅可以促进企业知识创新和技术扩散,还可以促进企业成长和制度变迁,前者有助于推动技术进步,后者有助于改善技术效率。因此,未来可以把"熊彼特创新"作为理论内核,将技术进步和技术效率改善视为全要素生产率增长路径,进一步讨论不同背景的风险投资对全要素生产率的作用路径是否存在依赖性。

第三，资本账户开放对国内资本形成存在多重影响。虽然现有学者尚未直接考察资本账户开放对风险投资市场结构和效率效益的影响，但是风险投资在国家资本账户中属于直接投资项目范畴，因此国际直接投资领域的相关研究可作为本研究的初步线索依托。

第3章

中国全要素生产率估算与演变研究

本章核算了中国省际全要素生产率及其分解指数，探索中国全要素生产率的时空演变规律，为后续专题研究提供数据支撑，结构安排如下：第一，采用 DEA-Malmquist 指数法，估算 1979—2015 年中国 31 个省（自治区、直辖市）的全要素生产率，并加权计算国家层面的生产率指数，进行校核分析；第二，利用 HP 滤波法和分布动态法，探索中国全要素生产率时空演变规律；第三，在了解全要素生产率发展规律的基础上，分析全要素生产率的增长路径与潜在约束。

3.1 中国全要素生产率的估算校核

由于全要素生产率是"对我们无知的度量"，因此并没有一个系统的理论框架能够囊括所有的影响因素；在具体的测算过程中，研究者对生产函数的设定偏差、估算方法选择以及要素投入测量误差等都会对全要素生产率的估算造成影响，以致不同学者的测算结果存在差异。因此，我们需要立足于中国经济增长的现实情况，选择合理的估算方法，选择适合的投入产出指标，并将其分解为技术进步指数和技术效率指数，以满足后续实证研究的数据要求。

3.1.1 估算方法

全要素生产率的测算主要有以下几种方法：增长核算法、索洛生产函数法和生产前沿法。传统的增长核算法和索洛生产函数法假定完全竞争、技术充分有效和规模报酬不变等，这显然不符合中国经济增长的现实情况；而生产前沿法则突破了理论约束，明确指出并不是每一个生产者都处于生产前沿上，存在一定的技术无效率状态。生产前沿法可分为随机前沿分析法（SFA）和数据包络分析法（DEA），其中数据包络分析法无须对生产函数和数据分布做出任何假设，能够避免由函数设定偏误造成的测算偏差，已发展为估算全要素生产率的主流方法。因此，本研究最终选择 DEA-Malmquist 指数法来核算中国 31 个省（自治区、直辖市）的全要素生产率。1954 年，瑞典经济学家曼奎斯特提出了 Malmquist 指数原理，Caves 等（1982）[258]随后将其引入生产研究领域，通过距离函数构造出生产率理论指数；Färe 等（1989，1994）[56,57]则在两种数据包络分析模型的基础上，给出了用于测算距离函数的非线性规划技术。假设 t 时期产出导向的生产可能集为 S^t：

$$S^t = \{(x^t, y^t) : x^t \text{ can produce } y^t\} \quad (3.1)$$

其中，x^t 为当期投入，y^t 为当期产出。参考 Färe（1989）[56]的研究，t 时期的产出距离函数可定义为：

$$D_o^t(x^t, y^t) = \inf\{\theta : (x^t, y^t/\theta) \in S^t\} = (\sup\{\theta : (x^t, \theta y^t) \in S^t\}) \quad (3.2)$$

其中，θ 表示距离向量。若当期生产活动处在生产可能集范围内，$D_o^t(x^t, y^t) < 1$；若当期生产活动处在生产可能性边界，也就是技术前沿面时，$D_o^t(x^t, y^t) = 1$。相对于 t 时期技术前沿面，$t+1$ 时期的产出距离函数可定义为：

$$D_o^t(x^{t+1}, y^{t+1}) = \inf\{\theta : (x^{t+1}, y^{t+1}/\theta) \in S^t\} \quad (3.3)$$

如图 3.1 所示，若 t+1 时期技术前沿面已经发生移动，(x^{t+1}, y^{t+1}) 处在生产可能集 S^t 范围之外，此时 $D_o^t(x^{t+1}, y^{t+1}) = od/oe > 1$。同理，相对于 t+1 时期的技术前沿面，t 时期的产出距离函数可定义为：

$$D_o^{t+1}(x^t, y^t) = \inf\{\theta : (x^t, y^t/\theta) \in S^{t+1}\} \quad (3.4)$$

Caves 等（1982）[258] 将基于 t 时期的 Malmquist 指数定义为：

$$M_{CCD}^t = \frac{D_o^t(x^{t+1}, y^{t+1})}{D_o^t(x^t, y^t)} \quad (3.5)$$

Caves 等（1982）[258] 将基于 t+1 时期的 Malmquist 指数定义为：

$$M_{CCD}^{t+1} = \frac{D_o^{t+1}(x^{t+1}, y^{t+1})}{D_o^{t+1}(x^t, y^t)} \quad (3.6)$$

为了避免技术参照系选择的主观随意性，Färe 等（1994）[57] 最终把 Malmquist 全要素生产率指数定义为 t 时期、t+1 时期的几何平均值：

$$M_o(x^{t+1}, y^{t+1}, x^t, y^t) = \left[\left(\frac{D_o^t(x^{t+1}, y^{t+1})}{D_o^t(x^t, y^t)}\right)\left(\frac{D_o^{t+1}(x^{t+1}, y^{t+1})}{D_o^{t+1}(x^t, y^t)}\right)\right]^{1/2} \quad (3.7)$$

并将其分解为技术进步指数与技术效率指数：

$$M_o(x^{t+1}, y^{t+1}, x^t, y^t) = \frac{D_o^{t+1}(x^{t+1}, y^{t+1})}{D_o^t(x^t, y^t)} \times \left[\left(\frac{D_o^t(x^{t+1}, y^{t+1})}{D_o^{t+1}(x^{t+1}, y^{t+1})}\right)\left(\frac{D_o^t(x^t, y^t)}{D_o^{t+1}(x^t, y^t)}\right)\right]^{1/2} \quad (3.8)$$

$$\text{技术进步指数}(Tech) = \left[\left(\frac{D_o^t(x^{t+1}, y^{t+1})}{D_o^{t+1}(x^{t+1}, y^{t+1})}\right)\left(\frac{D_o^t(x^t, y^t)}{D_o^{t+1}(x^t, y^t)}\right)\right]^{1/2}$$

$$\text{技术效率指数}(Effch) = \frac{D_o^{t+1}(x^{t+1}, y^{t+1})}{D_o^t(x^t, y^t)}$$

其中：技术进步是指不同时期生产前沿面的变动，主要依靠研究与试验发展或者国外技术引进消化吸收等活动实现；技术效率则是指生产实践活动参照前沿面的距离变动，表示对最佳实践边界的追赶效应，多通过企业组织管理和制度改善等方式完成。

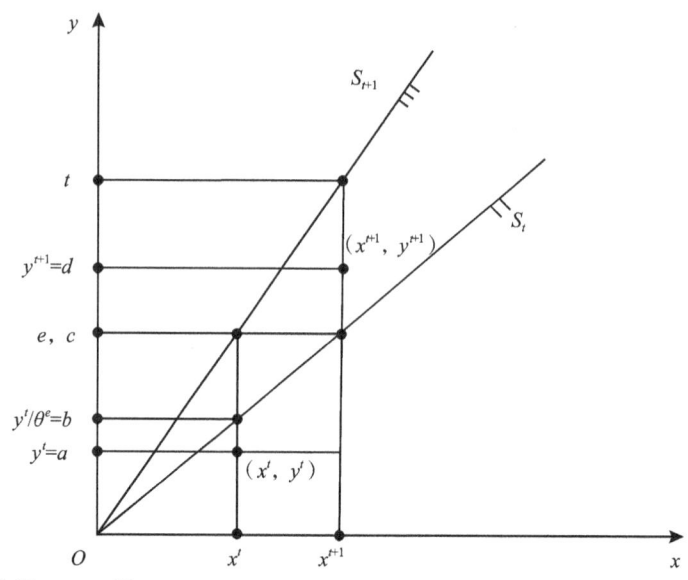

资料来源：Färe 等（1994）。

图 3.1　全要素生产率 Malmquist 指数与距离函数

3.1.2　指标数据

全要素生产率核算的基础数据涉及要素投入与经济产出，学术界的争议在于计算要素投入时是否包含人力资本。现有研究表明，人力资本对经济增长的影响既可能包含在"有形"的要素投入中，也可能是要素"无形"使用效率的构成。在对人力资本在经济增长中所扮演的角色有清晰认识之前，无论将其作为有形要素纳入核算范围，还是将其视为全要素生产率影响因素之一，都有内在理论逻辑基础（白重恩和张琼，2015）[259]。鉴于数据可得性，本研究遵循当前经验研究中的主流做法，在衡量劳动投入时暂不考虑人力资本因素①。

1. 经济产出

我们以 1978 年为基期，采用各地区历年国民生产总值来衡量其经济产出水平，并使用历年 GDP 价格指数（1978 年为 100）进行平

---

① 中国劳动力调查中的受教育程度自1989年才开始统计，1979—1988年间的数据存在严重缺失，分类统计口径2015年前后发生变化。

减，相关数据来源于国家统计局网站、《中国国内生产总值核算历史资料1952—1995》《中国国内生产总值核算历史资料1994—2004》以及各省、自治区、直辖市历年统计年鉴。

2. 资本存量

借鉴Godsmith（1951）[260]的研究，采用永续盘存法计算各地区历年的资本存量，如公式（3.9）所示：

$$K_{it} = (1-\delta_{it})K_{it-1} + I_{it}/P_{it} \qquad (3.9)$$

其中，i代表地区，t代表时间。K_{it}为第t年固定资本存量，I_{it}为第t年固定资本形成总额，P_{it}为固定资产价格指数（1978年为100），δ_{it}为固定资本折旧率。需要说明的是，国内外学者对于折旧率的取值尚存在分歧，而且多数研究在选取折旧率时并没有考虑地区与时间的差异，存在一定的局限性①。本研究参考张健华和王鹏（2012）[261]的研究，采用各地区不同时期的最优资本折旧率，重新估算各省、自治区、直辖市的资本存量。初期（1978年）资本存量计算，如公式（3.10）所示：

$$K_{i1978} = I_{i1978}/(g_{i1978} + \delta_{i1978}) \qquad (3.10)$$

其中，g_{i1978}为1978—1987年固定投资的平均增长率。相关数据来源于国家统计局网站、《中国国内生产总值核算历史资料1952—1995》《中国国内生产总值核算历史资料1994—2004》以及各省、自治区、直辖市历年统计年鉴②。

---

① 国内相关研究中折旧率的取值范围为5%~10%，如王小鲁和樊纲（2000）假定折旧率为5%，张军等（2004）假定折旧率为9.6%，龚六堂和谢丹阳（2004）假定折旧率为10%，孙辉和支大林（2010）假定折旧率为6%。张建华和王鹏（2012）指出，在省级层面的研究中，由于各地区经济发展水平以及制度差异，采用不变折旧率并不符合实际情况。

② 1993—1995年，北京、山西、上海、江苏、安徽、福建、广西、四川、云南、陕西、甘肃等的固定资本形成总额指数，采用《中国国内生产总值核算历史资料1994—2004》中的相关数据；重庆（1978—1995）、西藏（1978—1991）的固定资本形成总额的缺失值，采用同期全社会固定资产投资额替代；天津（1978—1980）、海南（1978—1900）、重庆（1978—1995）和西藏（1978—1989）固定资本形成总额指数的缺失值，参考张军等（2004）的方法，以商品零售价格指数为基础计算。

3. 劳动投入

理论上，衡量劳动投入最理想的指标为劳动工作时间，但是目前还无法获得省级层面的劳动时间数据，借鉴国内学者所采取的主流做法，使用年底全社会从业人员数作为替代指标，相关数据来源于国家统计局、《中国人口与就业统计年鉴》以及各省、自治区、直辖市历年统计年鉴。

3.1.3 结果校核

基于既定模型与指标数据，本研究估算了1979—2015年中国31个省（自治区、直辖市）的全要素生产率[1]。如前文所述，全要素生产率测算易受多种随机因素干扰，在应用之前还须检验测算结果的可靠性。遗憾的是，国内外其他学者所公开的全要素生产率指数，绝大多数停留在国家层面，暂时无法进行省级层面的比较研究。鉴于数据可得性，采取如下方法：首先，参考吴振球等（2014）[262]、余泳泽（2017）[263]等的研究，以中国各省、自治区、直辖市的国民生产总值为权重，计算全要素生产率指数几何平均值，作为同期国家层面全要素生产率；然后，采集国内学者所发布的国家层面的全要素生产率指数，并计算所得样本的95%置信区间（详见附录A）；最后，将本研究的测算结果与样本数据作对比分析，若经过加权计算的国家全要素生产率指数处在同期样本的95%置信区间内，则初步认为该数据是可靠的。

由图3.2可知，本研究测算的全要素生产率指数绝大部分时期都处在样本数据的95%置信区间内，而且其变动趋势与其他样本数据相似，所以该测算结果是基本可靠的。与吴振球等（2014）[262]、余泳泽（2017）[263]等的分析基本一致，我们发现中国全要素生产率变动趋势

---

[1] 本研究所涉及的部分指标数据仅更新到2015年，参考余泳泽（2015）、李兰冰和刘秉镰（2015）、尹向飞和段文斌（2016）、李平（2016）等相关主题的研究，我们将本研究样本区间设定为1979—2015年，以便与上述研究对比分析。与上述研究不同的是，对于西藏、海南等部分缺失数据的地区，本研究并未简单地将其从样本中剔除或作归并处理，而是参考已有文献进行科学估算，以保证研究样本的完备性。

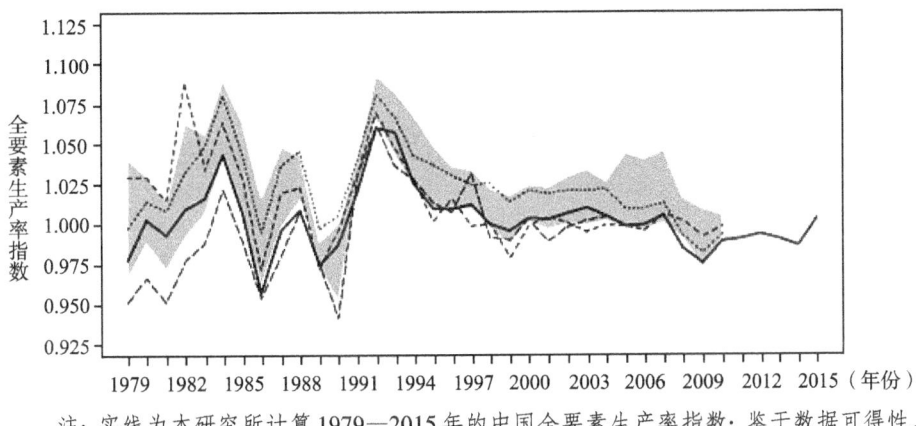

注：实线为本研究所计算1979—2015年的中国全要素生产率指数；鉴于数据可得性，置信区间（阴影部分）仅更新至2010年；图中以虚线标示了部分样本数据。

图3.2　中国国家全要素生产率估算校核（1979—2015年）

大致可以分为四个阶段：1979—1992年，全要素生产率呈现波动性增长态势，波动幅度相对较大，而这可能是由改革开放初期政策的剧烈变动造成的；1993—2000年，全要素生产率增速开始下降，但波动幅度趋于平稳，在经历了1997年的亚洲金融危机之后，便进入了短暂的负增长阶段；2001—2007年，全要素生产率呈现温和增长态势，2003年达到峰值后随即开始衰减；2008—2015年，由于国际金融危机的不利影响，全要素生产率在2008年出现了大幅度的收缩，但未引起各方足够的重视，所以持续表现出波动下降的趋势，直至2015年中国政府工作报告明确提出"增加研发投入，提高全要素生产率"，全要素生产率的增长才有了明显的好转趋势。

图3.3给出了中国各省、自治区、直辖市全要素生产率指数样本均值。不难发现，中国区域全要素生产率呈现出"东高西低"二元空间格局，而且中部地区的全要素生产率平均水平要低于西部地区，这与余泳泽（2017）[263]的分析结论是基本一致的，再次证实了本研究估算结果的可靠性。具体来讲：华北、东南沿海地区全要素生产率比国家平均水平高2.0%左右，尤其是北京、天津以及江浙沪等省市全要素生产率水平明显高于全国平均水平，可以将其视为国家全要素生产率增长的高

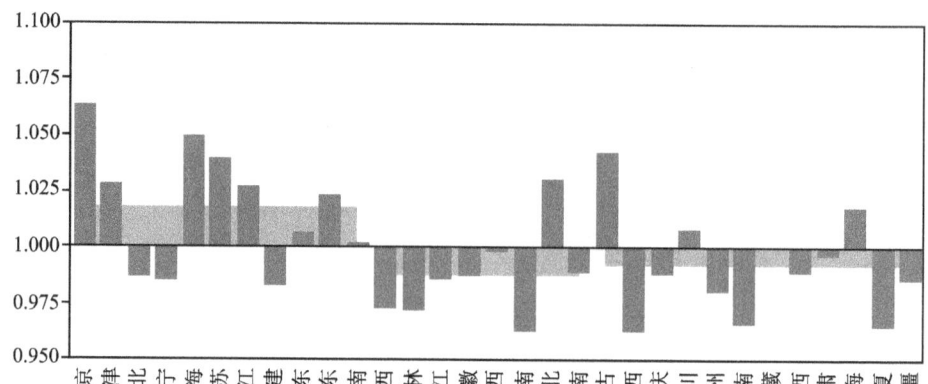

注：纵坐标1.000处代表样本期间国家全要素生产率平均水平，柱形图代表各省、自治区、直辖市相对于全国全要素生产率的平均水平，阴影部分别为东部、中部和西部地区全要素生产率的均值。

图3.3　中国省际全要素生产率估算校核（1979—2015年）

地；中部地区全要素生产率比国家平均水平低1.5%左右，如吉林、黑龙江以及河南等地区全要素生产率水平明显低于国家平均水平，可以将其视为国家全要素生产率增长的洼地；西部地区的全要素生产率平均水平高于中部地区，但也比国家平均水平低0.95%左右，尤其是广西、云南以及宁夏等地区的全要素生产率水平亟待改善。

3.2　中国全要素生产率的演变规律

现有学者对中国全要素生产率的变动趋势有了相对清晰的认识，但是在地区差距收敛问题上还未达成一致，存在绝对收敛、俱乐部收敛以及发散等不同观点。为了准确描述中国全要素生产率演变规律，本研究尝试在以下方面进行创新和拓展：首先，采用HP滤波法分解出全要素生产率趋势与周期成分，进一步分析中国全要素生产率长期趋势与波动规律；然后，利用分布动态法确定全要素生产率分布形态，揭示中国全要素生产率收敛性质的演进动态。

3.2.1 研究方法

1. HP 滤波法

伴随着真实经济周期理论发展，先后形成了多种周期波动分析方法，常见的有 HP 滤波法、BK 滤波法和 CF 滤波法。在对上述方法进行模拟分析之后，汤铎铎（2007）[264]推荐优先使用 HP 滤波法来考察中国宏观经济波动特征。HP 滤波法是 Hodrick 和 Prescott（1997）[28]在分析第二次世界大战后美国经济周期的论文中首次提出来的，其本质是过滤低频的趋势成分，保留高频的周期成分。假定 $\{Y_t\}$ 为包含趋势成分（Y_t^T）和周期成分（Y_t^C）的时间序列数据，如公式（3.11）所示：

$$Y_t = Y_t^T + Y_t^C \tag{3.11}$$

一般情况下，趋势成分可通过公式（3.12）的最小化问题求解：

$$\min \sum_{t=1}^{T} \{(Y_t - Y_t^T)^2 + \lambda [c(L)Y_t^T]^2\} \tag{3.12}$$

对于平滑参数 λ 的取值，尤其在处理年度数据时，尚无统一标准，本研究参考汤铎铎（2007）[264]、张连城和韩蓓（2009）[265]的研究设置。

2. 分布动态法

分布动态法是 Quah（1997）[29]提出的一种非参数估计。与传统参数估计相比，该方法不仅能通过遍历分布形态揭示地区差距的收敛区间和长期趋势，还可以借助条件密度分布给出增长分布的流动性，更加贴合本研究需要。假定 Y 和 Z 分别代表 t 和 $t+s$ 时期（$s>0$）连续变量序列，其分布动态关系可写成：

$$f_{t+s}(z) = \int_0^\infty g_s(z|y) f_t(y) dy \tag{3.13}$$

其中，$f_t(y)$ 和 $f_{t+s}(z)$ 分别为 t 和 $t+s$ 时期的分布函数，$g_s(z|y)$ 为条件分布函数。给定条件分布函数，遍历分布如公式（3.14）所示，

它反映的是全要素生产率增长分布的长期均衡状态：

$$f_\infty(z) = \int_0^\infty g_s(z|y) f_\infty(y) dy \quad (3.14)$$

根据 Hyndman（1996）[266]的研究，条件分布函数 $g_s(z|y)$ 表示全要素生产率分布状态的转移概率，可通过随机核密度估计：

$$\hat{g}_s(z|y) = \frac{\hat{f}_{t,t+s}(y,z)}{\hat{f}_t(y)} \quad (3.15)$$

3.2.2 增长规律

图 3.4 为全要素生产率和经济长期增长趋势曲线。不难发现，中国全要素生产率增长呈现倒 U 型趋势，而且其速度远远落后于经济长期增长。在改革开放初期，中国全要素生产率呈现总体上升的发展态势，并在 1992 年前后同时达到了顶峰。随着中国技术后发优势和要素转移空间不断缩小，全要素生产率增长逐渐步入持续下滑阶段。2000 年前后，全要素生产率增长颓势未发生任何改变，在资本要素与劳动要素双重驱

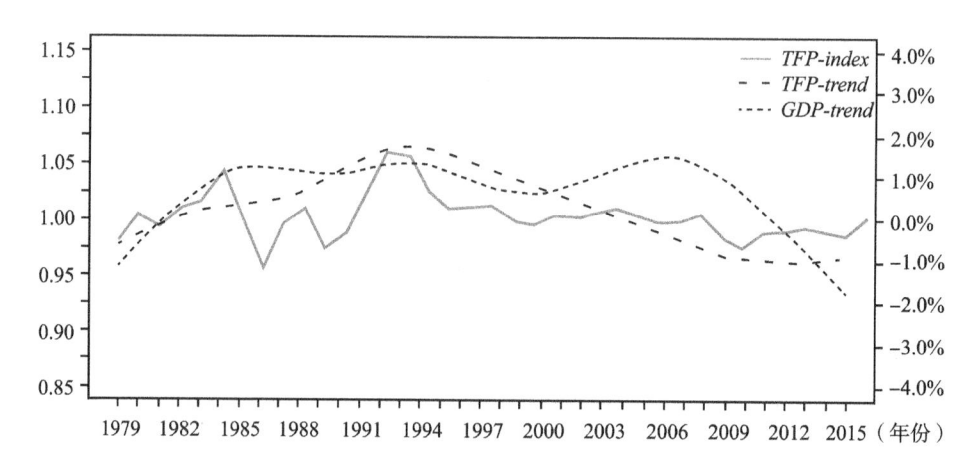

注：*TFP-index* 表示全要素生产率指数，*TFP-trend* 表示全要素生产率经滤波后的趋势成分，*GDP-trend* 表示 GDP 增长率（平减 9%）经 HP 滤波后的趋势成分，平滑参数根据张连城和韩蓓（2009）的研究设置。

图 3.4 全要素生产率和经济长期增长趋势（1979—2015 年）

动下，经济增长出现了短暂的复苏阶段，并于 2008 年后再次进入下行阶段。随着中国经济发展转入新常态，全要素生产率受到高度重视，其增长有了触底反弹趋势，但相对水平依旧较低。如何全面提升国家全要素生产率水平，推动经济更快更好地发展，依旧是当前急需解决的一个关键问题。

基于 HP 滤波后的趋势成分序列，进一步采用协整检验来考察全要素生产率与经济增长是否存在长期均衡关系，如表 3.1 所示。Johansen 协整检验拒绝了不存在协整关系（None）原假设，接受至少存在一个协整关系（At Most 1）原假设，表明全要素生产率与经济增长之间存在长期均衡关系。

表 3.1　Johansen 协整检验结果

原假设	特征值	迹检验统计量	临界值	p 值
None	0.7666	50.9317	14.2646	0.0000
At Most 1	0.0649	2.35057	3.84146	0.1252

图 3.5 为全要素生产率和经济短期波动曲线。按照"波峰 - 波峰"划分法，可以看出中国全要素生产率具有明显顺周期性特征，1979 年以来大致经历了 3 个完整的周期，平均持续时间约为 7.67 年。改革开放初期，中国全要素生产率总体增长态势平稳，仅在 1981 年前后出现过小幅波动，这可能是改革开放初期政策的不稳定性造成的；在改革开放攻坚阶段，中国全要素生产率经历了波动最为剧烈的两个周期，其增长率先后在 1986 年和 1989 年跌入谷底，随后又在 1992 年前后爬升至顶峰，期间的波动幅度高达 10%；1993—2000 年，虽然全要素生产率增长逐渐放缓，但波动已经趋于平稳，由于受到亚洲金融危机的冲击，在 1981 年、1990 年以及 2007 年的前后，经济波动均要比全要素生产率波动更为剧烈。

基于 HP 滤波后的周期成分序列，进一步采用 Prais-Winsten 估计全要素生产率与经济周期之间的关系，借此分析全要素生产率的周期特征

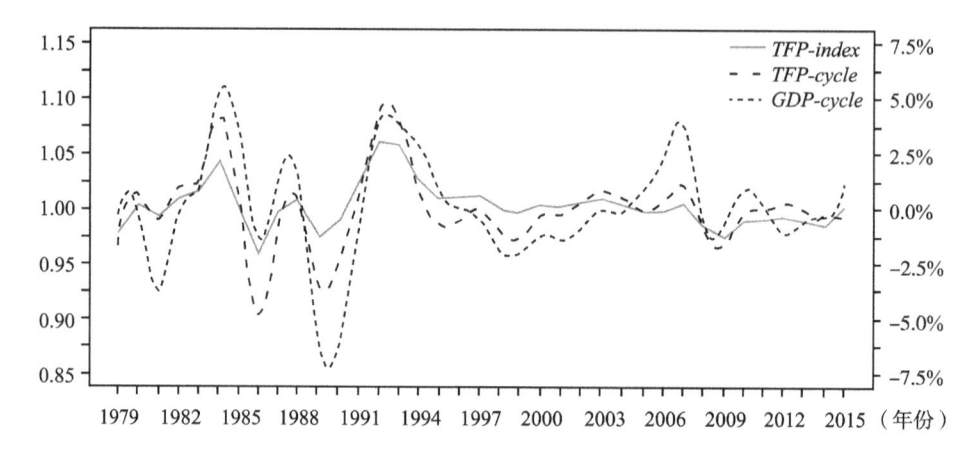

注：TFP-index 表示全要素生产率指数，TFP-cycle 表示全要素生产率经滤波后的周期成分，GDP-cycle 表示 GDP 增长率（平减 9%）经 HP 滤波后的周期成分，平滑参数根据张连城和韩蓓（2009）的研究设置。

图 3.5　全要素生产率和经济短期波动（1979—2015 年）

是否显著，结果如表 3.2 所示。White 检验统计量为 9.75 且不显著，表明不存在异方差问题，修正的 DW 检验统计量（1.89）在合理经验范围内，因此估计结果是可靠的。

表 3.2　Prais-Winsten 估计结果

变量	估计系数	标准误	t 统计量	p 值
GDP-cycle	0.6398***	0.1033	6.1900	0.0000
year	0.0017	0.1688	0.1000	0.9210

注："***" "**" "*"分别表示在 1%、5% 和 10% 的水平上显著，括号内为异方差 - 稳健 t 统计量值。

如表中第一行结果所示，1979—2015 年，经济周期估计系数均为正值且在 1% 水平上显著，表明全要素生产率变动具有显著的顺周期性，它会随着经济扩张变大，在经济衰退时期趋于缩小。究其原因，中国全要素生产率的顺周期性是外生技术冲击、劳动储备、市场势力以及二元经济结构等因素共同作用的结果。一方面，按照实际经济周期理论，有利的技术冲击会带来生产率增长和经济繁荣，不利的技术冲击会导致生产率下降和经济萧条,而改革开放和社会主义市场经济体制确立都可以看作有利的技术冲击,会带来全要素生产率增长(赵奉军等,2009;周永锋,2018)[267,268]。另一方面,不完全竞争、需求冲击和二元经济结构变换也是生产率周期波动的重要原因。如蔡晓陈(2012)[269]指出,由于潜在经济环境发生了重大变化,单纯的技术冲击只能解释全要素生产率的部分变动,二元经济结构变化也是造成生产率波动的原因之一。

3.2.3 分布动态

根据 Duran(2014)[270]的研究,如果全要素生产率随着经济周期波动,那么这种短期波动可能会干扰全要素生产率收敛长期均衡状态的估计,导致分析结论因研究样本起止时间而异。因此,借鉴 Gerolimetto 和 Magrini(2017)[271]考察地区收入差距收敛问题的做法,引入 HP 滤波法剔除经济周期影响之后,再采用分布动态法探讨中国省际全要素生产率收敛性质。如图 3.6 所示,中国省际全要素生产率增长分布在样本期间发生了如下变化:第一,由初始(1979 年)的单峰分布逐渐向期末(2015 年)的双峰分布演进,1979 年波峰处在 1.0 位置附近,表明多数地区处在国家均值水平左右,随后全要素生产率增速开始分化,2015 年主峰和次峰分别处在 [0.95,1.0] 和 [1.05,1.10] 区间内;第二,与 1979 年相比,2015 年主峰高度有所增加且位置左移,说明部分地区全要素生产率增速已经出现下滑趋势,逐渐向国家均值以下水平靠拢;第三,1979 年 [0.85,0.90] 区间内的左侧拖尾形态在 2015 年已经完全消失,落后地区的全要素生产率水平已有所改善。

从图 3.6 可以看出,堆积条件密度图的波峰也并非完全处在主对角线上,说明中国全要素生产率增长分布存在流动性,具体可参考最高密

a. 初始和期末分布

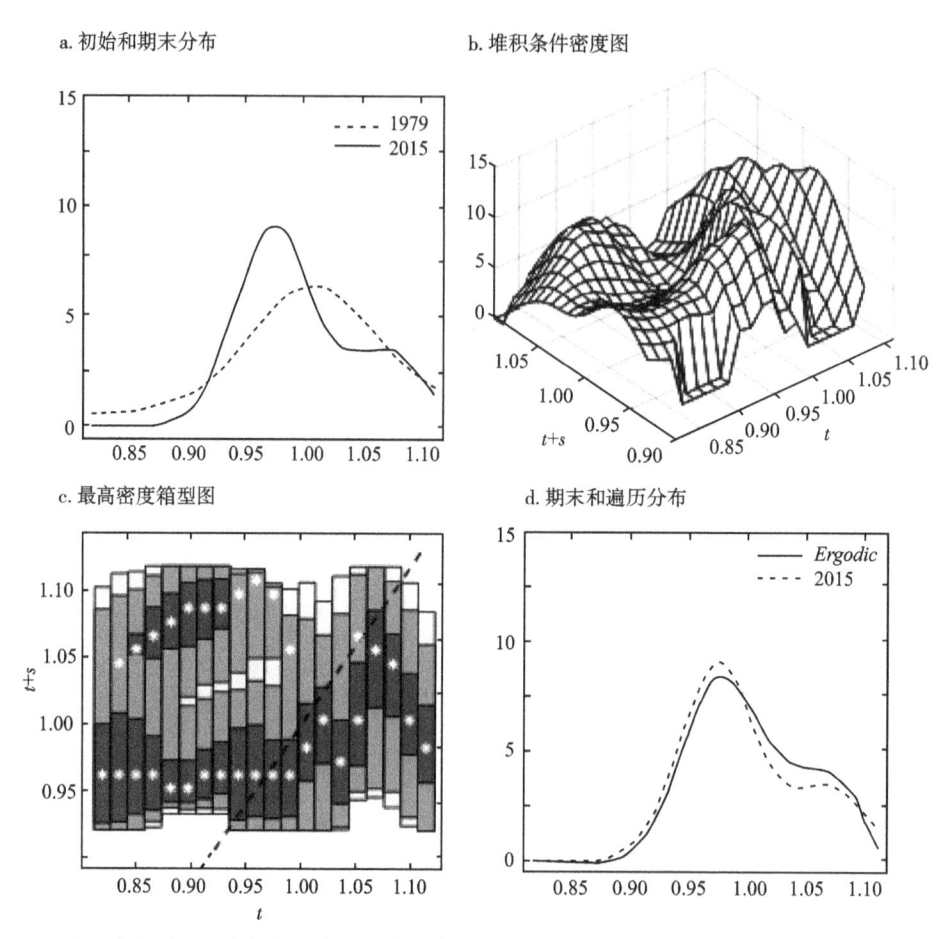

b. 堆积条件密度图

c. 最高密度箱型图

d. 期末和遍历分布

注：坐标轴1.0处代表国家全要素生产率平均水平；带宽依据Bashtannyk和Hyndman（2001）的拇指原则设置；偏误依据Hyndman等（1996）的方法调整；图c中箱型图颜色由浅至深分别代表95%、75%和50% HDR区域，白色星号表示条件密度所对应的模式。

图3.6 中国省际全要素生产率分布动态（1979—2015年）

度箱型图[①]。如图3.6.c所示，中国省际全要素生产率增长分布流动有如下规律：第一，1.05以上区间内多数50% HDR都位于主对角线的下

---

① Hyndman等（1996a，1996b）提出了条件核密度估计及其可视化方法，HDR箱型图的基本原理如下：若主对角线穿过某区间的50% HDR，则$t+s$时该区间对应地区依旧停留在t时期的初始位置，说明其增长分布是持续的；若区间内50% HDR位于主对角线的上方（下方），则$t+s$时期该区间对应的区在总体分布中的位置较t时期有所提升（下降），说明其增长分布是流动的；若某区间内50% HDR是非连续的，则表明增长分布存在极化效应。

方，这说明随着与国外技术差距的不断缩小，多数中上游地区的全要素生产率增速出现了规律性下滑，仅有1.075位置附近的少数地区能够维持原有水平；第二，[0.95，1.05]区间内的多数50% HDR被主对角线穿过，表明中游附近地区全要素生产率水平具有较强的持续性，如果未来不打破这种增长惯性，这些地区的全要素生产率水平难以得到全面提升，甚至可能引发"中等收入陷阱"问题；第三，0.95以下区间内50% IIDR位于主对角线上方，说明下游地区的技术后发优势得以释放，全要素生产率的水平有所提升，持续表现出对中上游地区的追赶效应。此外，[0.85，0.95]区间内的50% HDR还是非连续的，说明下游地区全要素生产率的追赶效应存在两极分化现象，只有少数地区能够实现跨越式发展，多数地区则面临着落入"中等收入陷阱"的不利局面。

综上所述，尽管中国全要素生产率总体增速有所下滑，但这主要是上游地区全要素生产率增速规律性下降造成的，中游地区全要素生产率增速具有一定的持续性，下游地区全要素生产率的提升空间和潜力依旧较大。如果按照当前的发展趋势，中国省际全要素生产率增长未来会趋向双峰分布，最终将稳定在俱乐部收敛的均衡状态。如图3.6.d所示，中国省际全要素生产率遍历分布主峰和次峰处在[0.95，1.00]和[1.05，1.10]区间内，主峰的累积密度高度远远大于次峰，这意味着多数地区将收敛于"穷省俱乐部"，只有少数地区能够聚集于"富省俱乐部"。与2015年相比，遍历分布主峰高度降低，次峰的高度有所增加，表明"穷省俱乐部"地区数量会略微减少，"富省俱乐部"地区数量将会增加，虽然总体分布情况有所改善，但是短时期内依旧难以实现均衡发展。上述结论较好支持了中国省际全要素生产率俱乐部收敛的观点，但与余泳泽（2017）[263]等基于参数估计法的分析结论相比，我们发现：中国省际全要素生产率收敛均衡状态只存在"穷省"和"富省"两个俱乐部，而在参数估计中通常是按照东部、中部和西部进行分地区估计的，并以此判断是否存在俱乐部收敛现象。我们认为这种事前划分的做法是值得商榷的，因为俱乐部收敛并非完全由地理位置决定，如在

2015年全要素生产率增长分布中，在"穷省俱乐部"中同时有海南（东部）、安徽（中部）、四川（西部）等地区，这种事前划分可能会导致样本选择性偏误。

3.3 中国全要素生产率的增长路径

全要素生产率的增长来源主要有两种：技术进步和技术效率改善。为了识别中国以及各省、自治区、直辖市全要素生产率的增长路径，现进行如下两方面的研究：首先，按照Färe等（1994）[57]的定义，将全要素生产率指数进一步分解为技术进步指数和技术效率指数，借此分析中国以及各省、自治区、直辖市全要素生产率增长动力来源；然后，沿用HP滤波法，继续考察中国技术进步和技术效率改善的长期趋势及短期波动规律，分析中国全要素生产率增长的潜在约束，并探讨未来可能的工作重点和着力方向。

3.3.1 路径识别

为了分析全要素生产率增长路径的演变规律，我们按照经济周期拐点给出技术进步和技术效率相对均值及累计次数，如表3.3所示①。与吴振球等（2014）[262]、李兰冰和刘秉镰（2015）[272]的观点相似，本研究发现：1979—1992年，国家层面技术效率指数相对均值大于技术进步指数，说明技术效率是改革开放初期驱动中国全要素生产率增长的主要动力；20世纪90年代之后，中国全要素生产率的增长方式发生了根本性转变，技术进步逐渐成为新的驱动力。与此同时，在生产可能性边界向外扩张过程中，部分中西部地区逐渐远离生产技术前沿，国家技术效率出现持续衰退。如果这种潜在负面效应大于技术进步的正面效应，

---

① 根据Harding和Pagan（2002）算法侦测经济周期拐点，样本期间波峰和波谷位置分别为1984年/1987年和2007年/1992年/2007年，与刘树成（2009）、张连成（2012）等的研究一致。

极有可能造成全要素生产率的持续下滑，因此未来在推动技术进步的同时，还需要密切关注技术效率的变化。

表 3.3 中国全要素生产率增长路径演变（1979—2015 年）

年度区间	全要素生产率 绝对均值	技术进步 相对均值	技术进步 累计次数	技术效率 相对均值	技术效率 累计次数
1979—1984	1.0064	0.9452	0	1.0524	6
1984—1992	1.0042	0.9873	4	1.0113	5
1992—2007	1.0142	1.0099	11	0.9760	3
2007—2015	0.9918	1.0134	9	0.9758	2

注：相对均值表示技术进步指数、技术效率指数相对于全要素生产率指数的均值，累计次数表示该年度区间内技术进步指数、技术效率指数大于全要素生产率指数的次数。

从区域层面来看，中国全要素生产率的增长路径存在显著区域差异，具体如图 3.7 所示[①]。1979 年，北京、上海以及广东等少数地区位于主对角线上方，其技术进步水平普遍高于技术效率水平，说明其全要素生产率增长主要来源于技术进步，而新疆、湖北、宁夏以及陕甘等多数地区位于主对角线下方，这说明中西部地区全要素生产率增长多以技术效率改善为主。与 1984 年相比，2007 年位于主对角线上方的地区数量明显增加，这说明各省、自治区、直辖市的全要素生产率增长路径正在发生转变。2015 年，北京、上海以及江浙地区的技术进步水平占据着绝对优势，天津、湖北等地区全要素生产率增长正在转向技术进步驱动，但其技术进步水平明显低于北京、上海以及江浙等省市，而西藏、青海以及海南等西部地区依旧仍然处在技术效率驱动阶段。

3.3.2 技术进步

经济学意义上的技术进步代表着生产前沿面移动。对于发达国家

---

① 限于篇幅，文章仅展示了样本初期（1979年和1984年）、样本末期（2007年和2015年）的技术进步指数、技术效率指数分布。

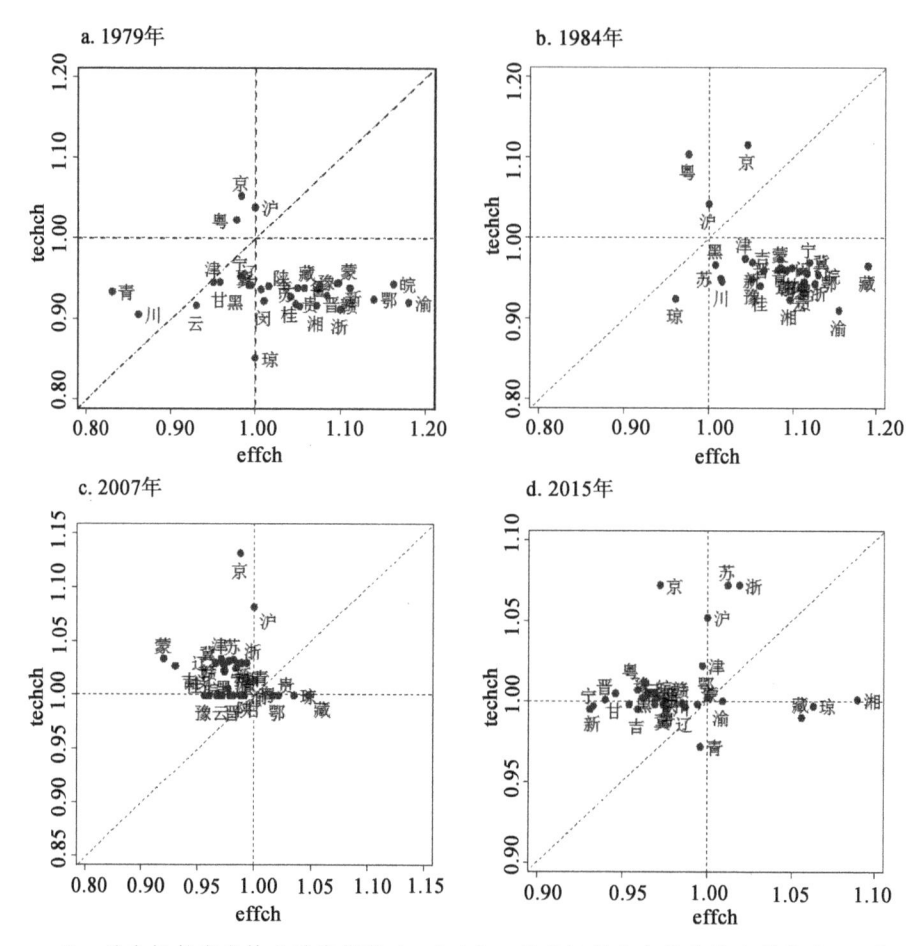

注：纵坐标轴代表技术进步指数（techch），横坐标轴代表技术效率指数（effch）。

图 3.7　中国省际全要素生产率增长路径差异（1979—2015 年）

而言，它们掌握着最先进的技术，对应着全球生产前沿面；而发展中国家对应的可能是一个远离全球生产前沿面，但在本国范围内最有效的生产前沿面（Hu 和 Mathews，2005）[273]。对于处在全球生产前沿的发达国家而言，技术进步只能依靠自主研发和创新；而尚处在技术追赶阶段的发展中国家，除了自主研发和创新以外，还可以通过技术引进推动国家技术进步。如图 3.8 所示，从技术进步趋势曲线可以看出：改革开放初期，中国利用技术上的"后发优势"，在"市场换技术"战略指导下，通过引进消化吸收国外的前沿技术，取得了持续技术进

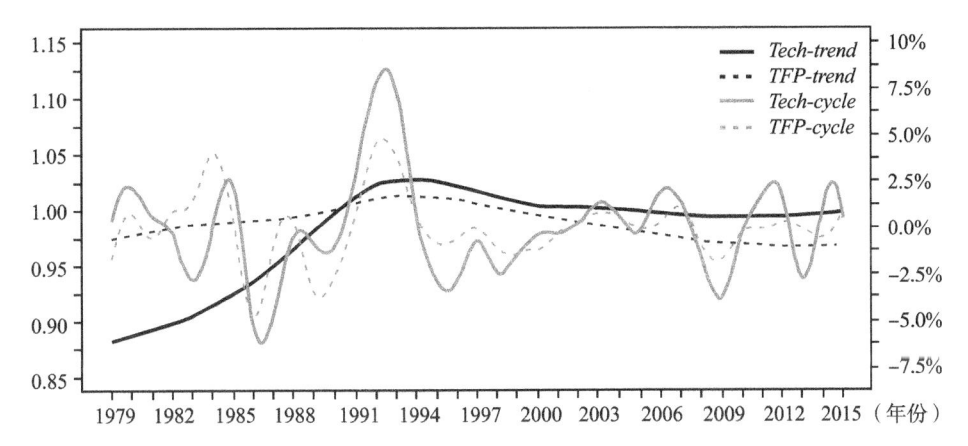

注：*Tech-trend*、*TFP-trend* 分别表示技术进步和全要素生产率的趋势成分，*Tech-cycle*、*TFP-cycle* 分别表示技术进步和全要素生产率的周期成分，平滑参数根据张连城和韩蓓（2009）研究设置。

图 3.8　中国技术进步长期趋势与周期波动（1979—2015 年）

步[①]。然而，随着与全球生产前沿面之间的距离持续缩小，中国技术追赶速度出现规律性放缓，而自主研发活动难以跟上增长步伐，技术进步速度逐年下滑（林勇和张宗益，2009；刘世锦等，2015）[274, 275]。从周期波动曲线来看，中国技术进步短期波动与全要素生产率相似，大概在 1992 年前后达到技术波动峰值，2000 年之后的振幅有所收缩，具有明显的顺周期特征。

3.3.3　技术效率

技术效率是指生产实践活动与生产前沿面之间距离的变动，表示对最佳实践边界的追赶效应。如图 3.9 所示，从技术效率趋势曲线可以看出：在改革开放初期，随着农村家庭联产承包制和双重经营体制的施行，资源配置状态和外部治理环境有了大幅改善，技术效率处在较高水

---

① 值得注意的是，关于"后发优势"与"后发劣势"，国内外学者曾展开激烈辩论。林毅夫（2003、2005）等认为，发展中国家与发达国家存在技术差距，后发国家可通过技术引进等方式加速技术变迁，使经济更快更好地发展；而杨小凯（2002、2003）等指出，国家之间发展水平差异根源在于制度差距，后发国家一般倾向于简单的技术模仿，这虽然可以在短期内推动经济增长，但容易助长制度模仿惰性，会给经济长期增长埋下多重隐患。

平（李平等，2013）[276]；随着生产要素转移空间缩小，中国技术效率改善速度呈现出衰减态势，虽然该趋势在20世纪90年代得以遏止，但技术效率依旧停留在负增长状态，成为全要素生产率可持续增长的内在约束，印证了我们在前文的初步分析。这意味着未来在推动技术进步时，切不可忽视技术效率的改善，否则它会部分抵消技术进步对全要素生产率的提升作用，造成科技投入资源隐形损耗。因此，为了保证中国全要素生产率增长的可持续性，未来应逐步摆脱"技术进步"单轮驱动模式，转向"技术进步与效率追赶"双轮驱动模式。从周期波动曲线来看，中国技术效率短期波动与全要素生产率阶段性趋同，在整个样本期间并不具备典型周期特征。

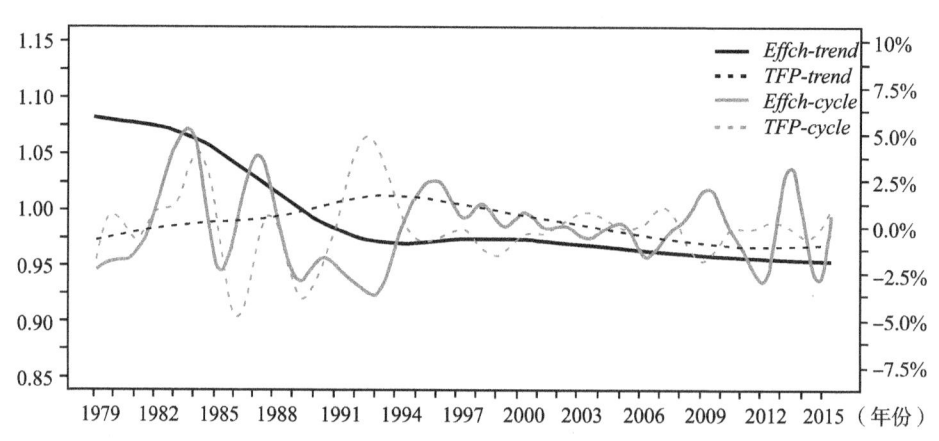

注：*Effch-trend*、*TFP-trend* 分别表示技术效率和全要素生产率的趋势成分，*Effch-cycle*、*TFP-cycle* 分别表示技术效率和全要素生产率的周期成分，平滑参数根据张连城和韩蓓（2009）研究设置。

图3.9 中国技术效率长期趋势与周期波动（1979—2015年）

3.4 本章小结

本章主要估算了中国省际全要素生产率指数，分析中国全要素生产率发展规律，从而为后续专题研究提供数据支撑。首先，基于1979—2015年中国省级面板数据，估算31个省（自治区、直辖市）全要素生产率指数，并将其分解为技术进步指数和技术效率指数；然后，采用 HP 滤波法和分布动态法，探索中国全要素生产率时空演变规律和增长路径。研究发现：从国家层面来讲，中国全要素生产率短期波动具有顺周期特征，长期增长呈现倒 U 型趋势，自 1992 年起步入了持续下滑阶段，发展趋势不容乐观；从区域层面来讲，中国全要素生产率增长分布由初期（1979 年）的单峰分布逐渐向期末的（2015 年）双峰分布演进，未来将稳定在"穷省俱乐部"和"富省俱乐部"收敛均衡状态，少数地区将收敛于"富省俱乐部"，多数地区将收敛于"穷省俱乐部"，短期内难以实现均衡发展；从增长路径来讲，中国全要素生产率长期呈现出单轮驱动模式，并由初期技术效率驱动逐步转向技术进步驱动。而且，中国全要素生产率增长路径还存在区域性差异，北京、上海以及江浙地区全要素生产率增长主要来源于技术进步，而新疆、青海等西部地区全要素生产率增长主要来源于技术效率改善。

基于以上结论，可得到如下启示：中国经济发展进入新常态，经济结构和增长方式发生重要转变，全要素生产率将是未来经济增长的源泉。然而，中国全要素生产率正经受着"增速下滑"和"贫富分化"双重压力，其根源在于技术进步速度规律性下降和技术效率的持续恶化。这也从侧面反映出中国生产实践活动中可能存在着"重技术、轻管理"的现象，即偏重于通过自主研发或者国外技术引进消化吸收的方式实现技术追赶，对组织、管理以及制度等非技术因素的关注相对不足。需要说明的是，尽管中国全要素生产率平均增速有所下滑，但这主要是上游地区的增速放缓造成的，中下游地区提升空间和潜力仍然较大，未来在提升国家全要素生产率过程中，应该在遵循全要素生产率发展规律的基础之上，兼顾各省（自治区、直辖市）全要素生产率的增长路径差异，做到"技术创新与非技术创新"两手都要抓，"技术进步与技术效率"两手都要硬，逐步使全要素生产率增长转向双轮驱动模式。

第 4 章

中国风险投资与全要素生产率：异质效应检验

本章旨在回答第一类问题：风险投资是否有助于提高中国全要素生产率？不同背景（外资/国有/民营）的风险投资对中国全要素生产率的影响及其效率是否存在显著差异？首先，在熊彼特增长理论框架下，阐述风险投资对全要素生产率的影响机制，并在此基础上提出异质效应假设；其次，基于2003—2015年中国省级面板数据，在考虑空间相关性的前提下设定计量模型，从区域层面分析外资、国有及民营风险投资对中国全要素生产率影响的差异；最后，解释回归结果，验证异质效应假设是否成立，并提出研究结论和启示。

4.1 理论分析与研究假设

结合第2章理论分析可知，由于全要素生产率是"对我们无知的度量"，并没有一个标准理论框架来探究全要素生产率增长机制及其影响因素，熊彼特范式提供了一个很好的选择。因此，本章在熊彼特经济理论框架下，首先阐述风险投资影响全要素生产率的机制，然后再结合经验层面的证据，提出相关研究假设。

4.1.1 理论机制分析

1956年，罗伯特·索洛提出的模型表明，如果仅仅依靠要素投入，经济很难实现持续增长。另外，历史经验表明，全要素生产率正在成为经济长期增长的重要因素，但全要素生产率增长的根源是什么呢？Aghion和Cette（2014）[9]指出，熊彼特范式提供了一个用来解释全要素生产率增长及其决定因素的理论框架，并给出了四个基本观点。

第一，全要素生产率增长主要依赖由利润驱动的创新，也就是把一种从未出现过的关于生产要素和生产条件的"新组合"引入现有生产体系，建立一种全新的生产函数①。创新可以是产品创新，也可以是组织创新，抑或是更有效地组合生产要素，能够提升创新预期收益的政策或者制度，会激发更多的创新，更好地促进全要素生产率增长。

第二，创造性破坏。也就是说，新的创新会逐渐淘汰旧的创新，打破市场均衡并创造套利空间，套利活动会改善资源配置，使市场趋向平衡并激发创新行为，全要素生产率在市场"均衡—不均衡—均衡"循环中增长②。

第三，企业家是实施创新的经济主体，创新可能会推动特定部门技

---

① 熊彼特认为，创新就是建立一种新的生产函数，也就是把一种从来没有出现过的关于生产要素和生产条件的"新组合"引入生产体系。这种"新组合"有五种基本形式：产品创新、工艺创新、市场创新、资源配置和组织创新。需要注意的是，"发明"并不等于"创新"，发明是新工具或新方法的发明，而创新是新工具或新方法的商业化应用。

② 值得注意的是，熊彼特假定市场经常处在均衡状态，强调企业家通过创新打破市场均衡的过程，并未说明市场是如何重新回归平衡的。张维迎（2016）的研究假定市场中存在创新型和套利型两种类型的企业家，并引入柯兹纳企业家精神理论来解释市场回归平衡的过程。柯兹纳以非均衡市场为出发点，强调企业家在非均衡市场中发现套利机会、从事套利活动并改善资源配置、使市场趋向平衡的过程。熊彼特认为企业家创新打破市场均衡并创造套利空间，柯兹纳认为企业家套利使市场趋于平衡并激发创新行为，全要素生产率在市场"均衡—不均衡—均衡"循环中实现增长。张维迎（2016）还指出，当前中国经济的套利空间越来越小，全要素生产率增长必须从套利驱动转向创新驱动，本研究不再详细阐述套利活动的运作机制。

术前沿外移,也可能让某一部门追赶上已有技术前沿,不同类型创新对全要素生产率的影响方式不同。

第四,熊彼特浪潮。科技历史是由科技浪潮所塑造的,伴随新的通用技术(General Purpose Technologies)在不同经济部门的扩散。

在熊彼特经济发展理论中,资本是一种将生产要素转移到新用途,或者将其引入一个新的生产方向的手段。企业家在均衡市场中搜寻技术机会,在超额利润驱动下创立企业,借助资本或信用手段获取生产活动所需要素,将创新付诸实践并打破市场均衡。然而,由于创新是一种具有高度不确定性的长期活动,所需资金量较大,而且市场中的信息不对称会导致逆向选择和道德风险问题,企业家经常面临着严重融资约束问题,一般很难受到银行等传统借贷资本青睐,而风险投资提供了一个更好的选择(Amit 等,1998;Metrick 和 Yasuda,2011)[277,278]。作为一种金融中介机构,风险投资发挥着风险分散、动员储蓄、信息揭示以及资源配置等基础功能,投资者从资本市场中募集闲散社会资金,通过尽职调查在市场中筛选出有前景的高科技企业项目,并采用分阶段注资的方式为企业创新活动提供资金支持和价值认证,不仅能够解决企业当前的融资约束问题,还有助于缓解企业与外部投资者之间的信息不对称程度,进而提升企业的后续融资能力。更为重要的是,风险投资机构还能为所投资的企业提供"监督管理"和"增值服务",后者在企业创新活动中发挥着重要作用。Gorman 和 Sahlman(1989)[279]等曾分别对 49 位风险投资家和 51 位企业家进行了问卷调查,他们采用量表对风险投资增值服务内容进行了定量研究,发现:风险投资家最经常参与的企业治理活动形式为充当管理团队参谋、同投资者进行沟通、监管财务绩效、监管运营绩效和获取外部债务融资;企业家认为风险投资家对企业成长最有帮助的领域为充当创业者团队参谋、与投资者进行协调、监管生产运营绩效、监管财务绩效、选择或者更换 CEO 以及应对短期危机。

风险投资一直被认为是推动企业创新、经济增长的重要因素,但是早期学者并没有将其纳入经济增长理论框架,直至 Romain 和 Van Pottelsberghe(2004)[211]把风险投资引入知识生产函数。他们剖析了风险投资的经济效应,初步确立了"风险投资—创新活动—全要素生产率"传导机制,指出风险投资对全要素生产率的贡献可以从两个方面考察:一是直接参与产品、新流程创造,直接驱动全要素生产率增长,即帮助企业开发新产品、新技术并将其推向市场,迅速形成竞争优势,淘汰市场中的旧产品、旧技术和落后企业,实现新进企业和原有企业之间生产要素投入再分配,使经济迈向更高层次的均衡;二是通过培育对外部知识的吸收能力间接驱动全要素生产率增长,即帮助企业获取、吸纳、转化和利用外部知识,提升创新绩效,或者帮助企业及时掌握技术趋势和市场变化,从而避免等到技术落后或者市场失败后再去突破创新(龙勇和时萍萍,2012)[280]。需要说明的是,风险投资者也可能与企业家实施合谋套利行为,也可能通过其他途径对全要素生产率产生影响(程蕾和韩忠雪,2013)[281]。基于以上分析,我们以熊彼特经济发展理论为基础,融合柯兹纳企业家精神理论,绘制图 4.1。

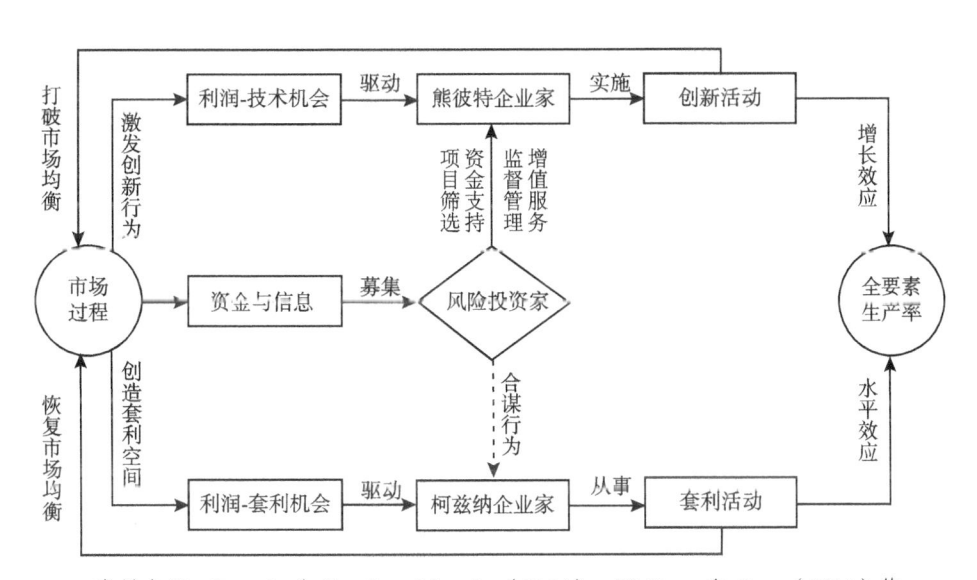

资料来源:Romain 和 Van Pottelsberghe(2004)、Philippe 和 Cette(2014)等。

图 4.1 风险投资驱动全要素生产率增长机理

4.1.2 异质效应假设

虽然风险投资在理论上能够通过扶持创新活动提升全要素生产率水平，但结合第2章的文献综述可知，国内外学者在经验研究层面尚未达成一致结论，"正面效应""负面效应""中性影响"等不同观点同时存在，而这可能是风险投资结构质量造成的。作为风险投资的管理者，不同背景的风险投资机构的"项目筛选"与"增值服务"能力存在显著差异，其扶持创新活动的实际效果也有所不同，这种效率差异会传导至全要素生产率层面（Croce等，2013）[218]。本章参考Romain和Van Pottelsberghe（2004）[211]的思路，按照"风险投资—创新活动—全要素生产率"的逻辑脉络，分析外资、国有和民营风险投资对全要素生产率的影响及效率差异，并提出异质效应研究假设。

1. 外资风险投资与全要素生产率

作为全球资本、知识以及价值体系流动的重要载体，外资风险投资不仅有助于解决发展中国家科技发展资金不足问题，还发挥着知识资本和剩余价值转移媒介作用（Maula，2010）[282]。从全球范围来看，外资风险投资已经在多个新兴市场国家中取得了经济效益，如外资风险投资进入使得印度科技产业投资强度明显增加，并带来了1.32%专利申请增长率（Kumari，2013）[283]。与此同时，外资风险投资也是推动中国创新经济发展的中坚力量，不但是国内创业企业的重要融资来源，还带来了国外先进管理经验和技术资源，能够促进科技企业和关联产业快速成长（刘曼红等，2005）[284]。陈艳（2014）[285]、蔡地等（2015）[156]的实证分析表明，外资风险投资机构从业经验相对丰富，对创业企业投资额度大且持股期限长，有助于增加企业创新资源投入及其对未来绩效的贡献。该观点随后又被陈思等（2017）[286]的研究证实，他们进一步指出外资风险投资对企业的创新激励效应不仅仅体现在资金层面，还体现为人力资源、组织专业化以及技术信息资源等方面的增值服务，比如帮助企业招聘专业技术人才并组建研发团队等。基于以上分析，提出如下假设。

H₁：外资风险投资能够有效提升全要素生产率水平。

2. 国有风险投资与全要素生产率

作为一项准公共物品，政府参与风险投资的目的在于使社会价值最大化，而不是单纯地获取商业利润，原则上应该更加注重企业创新活动质量。然而，实践中的委托代理和利益冲突等问题可能削弱其对创新的激励效应，代理人在国有资产保值增值压力和私人利益的诱惑下，也可能会出现因为厌恶创新风险而突击进入上市前夕企业的行为（Lerner，2009）[287]。从全球范围来看，政府参与的风险投资在扶持企业创新上多半是低效甚至无效的，对全要素生产率也没有明显影响。Bertoni 和 Tykvová（2015）[288]以欧盟企业为样本来源，研究发现政府风险投资对专利产出和全要素生产率没有显著影响，Brander 等（2010）[289]、Pierrakis 和 Saridakis（2017）[290]分别以加拿大和英国风险投资市场为研究对象，得出了相似的结论。虽然国内学者尚未考察国有风险投资对全要素生产率的作用，但余琰等（2014）[291]、王兰芳和胡悦（2017）[292]等多数学者的经验研究表明，中国国有风险投资在投资策略上没有体现出政策初衷，代理者在多数时候沉迷于追逐私人利益，不仅在扶持企业创新活动上没有表现出预期的增值作用，还削减了企业创新投入。基于以上分析，提出如下假设。

H₂：国有风险投资无法有效提升全要素生产率水平。

3. 民营风险投资与全要素生产率

私人资本也是风险投资的重要来源之一。从全球范围来看，私人风险投资占风险投资总额 10%~20% 左右，有助于激发企业创新活力和效率。Bertoni 和 Tykvová（2012）[293]的实证分析表明，每单位私人背景风险投资大约能够为企业带来 3.2% 的创新产出增长率；Yan 等（2015）[17]以比利时风险投资市场作为样本来源，给出了私人风险投资驱动企业全要素生产率增长的经验证据。相比之下，中国民营风险投资发展起步较晚，但由于迫切需要积累行业声誉以保证后续募资来源，通常在投后管理阶段付出时间和精力较多，也表现出了创新激励效应（Wright 等，

2007)[294]。陈伟（2013）[295]、李文杰（2015）[296]基于非资本增值视角，考察了风险投资资金来源对企业创新活动的异质影响，其估计结果表明：中国民营风险投资对企业创新资源投入、创新成果产出以及创新效益提升均有显著正向影响。许昊等（2015）[151]利用创业板上市公司数据，研究了风险投资背景对初创企业研发投入的影响，发现民营风险投资对企业研发投入有显著的促进作用。由此可见，中国民营风险投资在扶持企业创新过程中表现出了激励效应，据此提出如下假设。

H_3：民营风险投资能够有效提升全要素生产率水平。

4. 外资和民营风险投资效率差异

值得注意的是，外资和民营风险投资在提升全要素生产率方面还可能存在效率差异。从新兴市场国家发展经验来看，外资风险投资机构通常来自欧美发达国家，它们的"项目筛选"和"增值服务"能力普遍优于本土风险投资机构，但同时也面临着地理距离、文化以及法律制度障碍（Komala等，2015）[297]。就中国风险投资实践而言，Guo和Jiang（2013）[223]的实证分析表明，与中国本土风险投资机构相比，外资风险投资机构能够为企业提供更多的专业增值服务，所投资的企业的创新活动绩效也更加明显；He等（2016）[298]的研究表明，在进一步控制了选择效应之后，外资风险投资机构在扶持企业创新过程中的效率优势依旧显著，这说明二者的效率差异来源于增值服务而非项目筛选过程。然而，也有学者提出了相反的观点，如Hua等（2016）[299]指出，中国本土风险投资更加熟悉国内市场环境，而且拥有丰富的社会关系和信息资源，能够更加有效地扶持企业进行创新活动。不难发现，关于外资与本土风险投资所投资的企业创新活动绩效高低，尚未取得一致研究结论，暂且提出如下对立假设。

H_{4a}：与民营风险投资相比，外资风险投资提升全要素生产率的效率更高。

H_{4b}：与外资风险投资相比，民营风险投资提升全要素生产率的效率更高。

基于以上分析，可以得出异质效应假设：不同背景的风险投资在提升全要素生产率过程中存在显著差异，外资和民营风险投资有助于提升全要素生产率水平，而国有风险投资对全要素生产率没有显著影响。由此还可以进一步引申出结构质量假设，即风险投资整体上能否提升全要素生产率水平取决于其资本来源结构。如果以外资和民营风险投资为主体，那么风险投资整体上有助于提升全要素生产率水平，反之则可能对全要素生产率没有影响。

4.2 研究设计

4.2.1 变量指标

1. 因变量

由第2章的理论分析可知，全要素生产率的估算容易受多种因素干扰，研究者对生产函数的设定、估算方法的选择以及投入产出要素的测量误差等都会对全要素生产率估算造成影响，以至于不同学者的估算结果存在一定差异。因此，本节采用第3章中经校核分析后的全要素生产率指数作为因变量，以尽可能地减少估算偏差对研究结论的影响。

2. 自变量

由第2章的理论分析可知，现有经验研究通常选择投资事件数量、累计金额或者比率指标作为风险投资代理变量，借鉴Félix等（2013）[161]、Groh和Wallmeroth（2016）[162]的研究，采用各地区风险投资总额占同期GDP的比例衡量风险投资活动强度，以便修正宏观经济周期波动的潜在影响。风险投资机构的类型细分为外资风险投资、国有风险投资和民营风险投资。Wind数据库中提供的风险投资事件统计数据中，投资机构性质为：外商独资企业、中外合资企业、政府投资引导基金、中央国有企业、国有企业、地方性国有企业和民营企业，参考张学勇和廖理（2011）[300]、Luo等（2019）[301]的研究，按照以下标准进行分类：外资风险投资，包括外商独资企业和中外合资企业的投资总额；国有风险投资，包括政府引导基金、中央企业和地方国有企业的投资总额；民营风险投资仅包括民营企业投资总额。

3. 控制变量

在第2章理论分析的基础上，综合魏下海（2009）[85]、樊纲等（2011）[89]的研究，选取以下控制变量。

（1）知识资本

内生经济理论认为，技术创新与扩散所带来的知识资本累积是技术进步与效率改善的持续动力（Coe和Helpman，1995）[302]。对于发展中国家而言，自主研发和国外技术引进消化吸收通常被视为知识累积的重要来源，因此本研究从研究与试验发展活动和国外技术引进活动两个方面来衡量技术知识累积状态。借鉴孙早等（2014）[303]、唐未兵等（2014）[304]的研究，研究与试验发展活动采用各地区研发资本费用占GDP比例来衡量，技术引进活动采用各地区国外技术引进费用支出占GDP比例来衡量。需要说明的是，无论是自主研发还是国外技术引进，知识只有成功转化为创新才能带来全要素生产率增长。

（2）人力资本

人力资本是全要素生产率的重要影响因素，它通过影响国家的技术创新、吸收与扩散能力，来驱动其全要素生产率的增长（Nelson和Phelps，1966）[305]。总体而言，人力资本的测度方法主要有收入法、成本法和教育年限法。借鉴樊纲和王小鲁（2004）[306]的研究，采用劳动力人口平均受教育年限来测度地区人力资本存量，将不同教育程度年限设为：小学（6年）、初中（9年）、大学（13年）、研究生及以上（16年）。劳动力人口平均教育年限 = 小学文化劳动力人口比重 ×6年 + 初中文化劳动力人口比重 ×9年 + 大学文化劳动力人口比重 ×13年 + 研究生及以上文化劳动力人口比重 ×16年。

（3）对外开放

对外开放，主要包括资本账户和贸易开放两个方面。其中，在资本账户开放过程中，外商直接投资进入带来了先进生产技术和经营管理理念，可通过隐含的技术溢出效应、模仿示范效应、产业关联效应以及人员培训效应等途径提高东道主国家全要素生产率水平（何元庆，2007）[307]；而在进出口贸易过程中，出口企业可以通过"干中学效应"自主提升经营管理效率，另外，来自国际市场的竞争也会"倒逼"企业通过加大研发投入、改进产品质量等方式来维持市场份额（毛其淋和盛斌，2012）[86]。参考赵伟等（2005）[308]的研究，使用各地区外商直接投资和进出口贸易总额占GDP的比例来衡量对外开放程度。

（4）政府行为

政府行为对全要素生产率具有多重的影响，通常因其财政支出的重点方向而异（Park，1998）[309]。一方面，地方政府财政支出重点倾向于科技教育、公共服务以及社会就业保障等方面，将有利于推动人力资本积累与技术进步，提高地区全要素生产率水平；另一方面，地方政府的行政管理费用支出比例过大，对市场化经济的不当干预过多，则容易引发资源配置扭曲和效率下降，阻碍地区全要素生产率的可持续增长（祝接金和胡永平，2006）[310]。此处，我们借鉴毛其淋和盛斌（2012）[86]等的研究，采用各省市自治区政府历年财政支出规模占同期GDP的比重作为政府行为的代理变量。

（5）制度质量

新制度经济学理论认为，制度变迁是技术创新与经济增长的起点，全要素生产率的提高来源于经济组织与市场制度的改善（North，1968）[311]。在经济全球化背景下，一国可以通过各种技术扩散途径获得国外的先进技术，但需要辅以适宜的市场环境、人力资本等要素，才能够将先进技术消化吸收并转化为生产力。同时，制度的好坏决定着R&D效率及其空间溢出程度，这些都会对地区全要素生产率造成一定影响。本研究主要从市场化进程的角度来考察制度的变迁，参考蒋殿春和张宇（2008）[312]的研究，以非国有经济发展水平作为其代理变量，采用非国有工业企业总产值占工业总产值的比例作为制度质量变量。

（6）基础设施

基础设施具有规模效应、网络效应和资源配置效应，其外部性有利于经济集聚、市场扩张、知识与技术溢出，是地区全要素生产率增长的重要动力（Démurger，2001）[313]。例如，刘秉镰等（2010）[314]的研究表明，交通、能源与信息基础设施对中国区域全要素生产率有显著的影响。借鉴刘生龙和胡鞍钢（2010）[315]的研究，本研究采用铁路、公路和内河航道里程数与土地面积之比衡量交通基础设施水平，采用人均能源消费总量衡量能源基础设施水平，采用电话普及率衡量信息基础设施水平，然后，通过因子分析方法计算基础设施发展水平综合指数，并以此作为基础设施的代理变量。

（7）城市化水平

城市化与全要素生产率存在协同增长关系（Hochman，1977）[316]。首先，城市化通常伴随着经济活动与人力资源的集聚，可以促进交易效率的改善和劳动分工的深化，从而实现全要素生产率快速增长；其次，城市的多样性、人力资本的集聚效应以及创新网络优势有利于技术创新与扩散，能够推动地区技术进步与生产率增长；同时，技术扩散的溢出效应也会引起城市产业结构与空间布局变动，进一步加速城市化的进程（程开明和李金昌，2008）[317]。此处，借鉴魏下海和王岳龙（2010）[318]的研究，本研究采用该地区非农业人口占总人口的比例作为城市化水平的代理变量。

表4.1 变量定义及说明

类型	名称	符号	定义
因变量	全要素生产率	TFP	该地区全要素生产率指数
自变量	风险投资	VC	该地区风险投资总额占GDP比例（%）
	外资风险投资	$VCforeign$	该地区外资风险投资总额占GDP比例（%）
	国有风险投资	$VCstate$	该地区国有风险投资总额占GDP比例（%）
	民营风险投资	$VCprivate$	该地区民营风险投资总额占GDP比例（%）

续表

类型	名称	符号	定义
控制变量	自主研发	R&D	该地区研发资本费用占 GDP 比例（%）
	技术引进	Buytech	该地区国外技术引进费用占 GDP 比例（%）
	人力资本	HR	该地区劳动力人口的平均受教育年限（年/人）
	对外开放	Open	该地区外商投资和进出口总额占 GDP 比例（%）
	政府行为	Gov	该地区政府财政支出占 GDP 比例（%）
	制度质量	Inst	该地区非国有工业企业产值占总产值比例（%）
	基础设施	Infra	该地区交通、能源及信息基础设施综合发展指数
	城市化	Urban	该地区非农业人口占总人口比例（%）

4.2.2 样本数据

本章选取 2003—2015 年 30 个省（自治区、直辖市）作为样本[①]。其中：全要素生产率指数测算数据来自国家统计局、《中国国内生产总值核算历史资料 1952—1995》《中国国内生产总值核算历史资料 1994—2004》《中国人口与就业统计年鉴》以及各省、自治区、直辖市统计年鉴；风险投资指标测算数据来自万得（Wind）中国 PE/VC 数据库；研发资本指标测算数据来自《中国科技统计年鉴》和国家统计局；国外技术引进指标测算数据来自《中国科技统计年鉴》和国家统计局；人力资本指标测算数据来自《中国劳动统计年鉴》和各省、自治区、直辖市统计年鉴；对外开放指标测算数据来自国家统计局、《中国对外投资统计公报》；政府行为指标测算数据来源于国家统计局；制度质量指标测算

---

① 本研究样本区间最终设定为2003—2015年，原因如下：中国风险投资数据统计工作起步较晚，经过对比分析私募通、CVsouce等商业数据库，我们发现早期所记录的投资事件数据存在严重的信息不对称，2002年之前的数据仅记录了少数投资事件的具体交易金额，故将研究样本时间起点设定为2003年；部分年鉴数据仅更新至2015年；西藏、港澳台地区变量数据存在严重缺失。

数据来自《中国工业经济统计年鉴》以及各省、自治区、直辖市统计年鉴；基础设施指标测算数据来源于国家统计局、《中国第三产业统计年鉴》和《中国能源统计年鉴》；城市化指标测算数据来自《中国就业和人口统计年鉴》。

4.2.3 模型方法

1. 计量模型

首先，借鉴 Romain 和 Van Pottelsberghe（2004）[212]、毛其淋和盛斌（2012）[86]等的研究，在不考虑异质效应的前提下，构建固定效应回归模型（4.1），考察风险投资对全要素生产率的影响。

$$TFP_{it}=\beta_0+\beta_1 VC_{it}+\beta_2 R\&D_{it}+\beta_3 Buytech_{it}+\beta_4 HR_{it}+\beta_5 Open_{it}+\beta_6 Gov_{it}+\beta_7 Inst_{it}+\beta_8 Infra_{it}+\beta_9 Urban_{it}+\tau_t+\alpha_i+u_{it} \quad (4.1)$$

其中，i 代表地区，t 代表时间，α_i 代表地区固定效应，τ_t 代表时间固定效应，u_{it} 代表随机误差项。

然后，依次将外资风险投资、国有风险投资和民营风险投资变量分别引入模型，考察不同类型风险投资对区域全要素生产率的影响是否存在差异，如公式（4.2）、（4.3）和（4.4）所示。

$$TFP_{it}=\beta_0+\beta_1 VCforeign_{it}+\beta_2 R\&D_{it}+\beta_3 Buytech_{it}+\beta_4 HR_{it}+\beta_5 Open_{it}+\beta_6 Gov_{it}+\beta_7 Inst_{it}+\beta_8 Infra_{it}+\beta_9 Urban_{it}+\tau_t+\alpha_i+u_{it} \quad (4.2)$$

$$TFP_{it}=\beta_0+\beta_1 VCstate_{it}+\beta_2 R\&D_{it}+\beta_3 Buytech_{it}+\beta_4 HR_{it}+\beta_5 Open_{it}+\beta_6 Gov_{it}+\beta_7 Inst_{it}+\beta_8 Infra_{it}+\beta_9 Urban_{it}+\tau_t+\alpha_i+u_{it} \quad (4.3)$$

$$TFP_{it}=\beta_0+\beta_1 VCprivate_{it}+\beta_2 R\&D_{it}+\beta_3 Buytech_{it}+\beta_4 HR_{it}+\beta_5 Open_{it}+\beta_6 Gov_{it}+\beta_7 Inst_{it}+\beta_8 Infra_{it}+\beta_9 Urban_{it}+\tau_t+\alpha_i+u_{it} \quad (4.4)$$

最后，将外资风险投资、国有风险投资和民营风险投资变量同时引入回归模型中，进一步考察外资和民营风险投资在提升国家全要素生产率的过程中是否存在效率差异，如公式（4.5）所示。

$$TFP_{it} = \beta_0 + \beta_1 VCforeign_{it} + \beta_2 VCstate_{it} + \beta_3 VCprivate_{it} + \beta_4 R\&D_{it} + \beta_5 Buytech_{it} +$$
$$\beta_6 HR_{it} + \beta_7 Open_{it} + \beta_8 Gov_{it} + \beta_9 Inst_{it} + \beta_{10} Infra_{it} + \beta_{11} Urban_{it} + \tau_t + \alpha_i + u_{it}$$
(4.5)

2. 估计方法

在面板数据回归中，如果存在异方差、自相关以及空间相关性等问题，普通最小二乘估计是线性无偏的，但并不是有效的，这会导致参数估计和假设检验失效。针对上述可能存在的偏误问题，Bassett 和 Koenker（1978）[319]提出了非参数协方差矩阵估计法，Hoechle（2007）[320]随后将其应用到面板数据混合和固定效应回归模型中，其基本原理如下。

$$y_{it} = x'_{it}\beta + \mu_{it} \tag{4.6}$$

其中，i 代表地区，t 代表时间，u_{it} 为随机误差项，β 为截距项和回归系数组成的向量。模型（4.6）中的被解释变量与解释变量亦可写成向量的形式：

$$y = [y1t_{11} \cdots y1T_1 \ y2T_{21} \cdots yNT_N]'$$
$$X = [x1t_{11} \cdots x1T_1 \ x2T_{21} \cdots xNT_N]' \tag{4.7}$$

那么 β 系数可以通过混合最小二乘法来估计：

$$\hat{\beta} = (X'X)^{-1}X'y \tag{4.8}$$

其稳健标准误可由渐近协方差矩阵对角元素的均方根得到：

$$V(\hat{\beta}) = (X'X)^{-1}\hat{S}_T(X'X)^{-1} \tag{4.9}$$

$\hat{S}_T$ 的计算可参考 Newey 和 West（1987）[321]的定义：

$$\hat{S}_T = \hat{\Omega}_0 + \sum_{j=1}^{m(T)} w(j,m)[\hat{\Omega}_j + \hat{\Omega}'_j] \tag{4.10}$$

其中，$m(T)$ 代表滞后期数，修正的 Bartlett 权重设定为：

$$w(j,m) = 1 - j/[m(T)+1] \tag{4.11}$$

以确保 $\hat{S}_T$ 为半正定矩阵，并平滑样本自协方差函数。另外，矩阵 Ω_j 的定义为：

$$\begin{cases} \hat{\Omega}_j = \sum_{t=j+1}^{T} h_t(\hat{\beta}) h_{t-j}(\hat{\beta})' \\ h_t(\hat{\beta}) = \sum_{i=1}^{N(t)} h_{it}(\hat{\beta}) \end{cases} \quad (4.12)$$

与 Bassett 和 Koenker（1987）[321]研究不同，Hoechle（2007）[322]将 $h_{it}(\hat{\beta})$ 设定为一个时变参数，使其也可以用于非平衡面板的估计。

对传统固定效应模型而言，在非参数协方差矩阵估计之前，首先需要进行组内转换，考虑：

$$y_{it} = x'_{it}\beta + \alpha_i + \mu_{it} \quad (4.13)$$

其中，α_i 代表固定效应。首先，假定 $z_{it} \in \{x_{it}, y_{it}\}$，并统一对被解释变量和解释变量做如下处理：

$$\tilde{z}_{it} = z_{it} - \bar{z}_i + \bar{\bar{z}} \quad (4.14)$$

其中，

$$\bar{z}_i = T_i^{-1} \sum_{t=t_{i1}}^{T_i} z_{it} \quad \bar{\bar{z}} = \left(\sum T_i\right)^{-1} \sum_i \sum_t z_{it} \quad (4.15)$$

然后，对转换后的模型（4.16）进行混合最小二乘估计，便可以得到估计系数及其稳健标准误：

$$\tilde{y}_{it} = \tilde{x}'_{it}\beta + \tilde{\mu}_{it} \quad (4.16)$$

4.3 实证分析

4.3.1 描述性统计分析

表 4.2 给出了主要变量相关系数及描述性统计量。不难发现，风险投资与全要素生产率存在显著的正相关关系，外资、国有和民营风险投资与全要素生产率的相关性存在一定差异，说明不同背景的风险投资对全要素生产率的影响可能有所不同，为本章理论假设提供了初步证据。同时，由因变量描述性统计分析可知，全要素生产率指数均值小于1，

说明中国全要素生产率呈现出衰退趋势，这与第3章的结论基本一致。自变量描述性统计结果表明，样本期间外资风险投资强度均值最大，国有和民营风险投资的强度均值相近，但远远小于外资风险投资的投资强度，说明外资风险投资是中国风险投资活动的中坚力量，民营、国有风险投资的发展则相对缓慢。

表 4.2 主要变量相关系数及描述性统计量

变量	TFP	VC	VCforeign	VCstate	VCprivate	R&D	Buytech
VC	0.349***						
VCforeign	0.323**	0.922***					
VCstate	0.134***	0.538***	0.203***				
VCprivate	0.263***	0.465***	0.231***	0.368***	1		
R&D	0.322***	0.633***	0.534***	0.414***	0.404***		
Buytech	0.428***	0.444***	0.463***	0.110**	0.186***	0.465***	
HR	0.253***	0.439***	0.339***	0.321***	0.374***	0.306***	0.466***
均值	0.987	0.233	0.127	0.050	0.055	0.051	0.420
标准差	0.0367	0.734	0.603	0.229	0.118	0.049	0.758
最小值	0.881	0	0	0	0	0.007	0.0011
最大值	1.117	8.519	8.371	3.208	1.126	0.350	4.778
样本数	390	390	390	390	390	390	390

注："***""**"和"*"分别表示在1%、5%和10%的水平上显著；限于篇幅，文中未报告所有控制变量的相关系数及描述性统计结果。

4.3.2 空间相关性检验

为了分析中国省际全要素生产率空间相关性，本章计算了2003—2015年中国省际全要素生产率的全局 Moran's I 指数值，如表4.3所示。可以看出，中国省际全要素生产率空间相关性呈现出典型的波动特征，经历了"正相关—负相关"转变，仅在2003年、2004年、2005年和

2015年具有统计意义上的显著性。理论上，空间计量经济方法是处理空间面板数据的最佳选择，然而全要素生产率空间相关性仅在个别年份显著，在整个样本期间（2003—2015年）并不显著，因此空间计量方法在此处并不适用，所以在后续分析中采用非参数协方差估计方法。

表 4.3 空间相关性检验结果

年份	Moran's I	Z	p-value	年份	Moran's I	Z	p-value
2003	0.135	1.546	0.061	2010	−0.086	−0.492	0.311
2004	−0.205	−1.565	0.059	2011	−0.065	−0.289	0.386
2005	0.101	1.294	0.098	2012	−0.022	0.120	0.452
2006	0.086	1.100	0.136	2013	−0.082	−0.436	0.331
2007	0.097	1.257	0.104	2014	−0.018	0.148	0.441
2008	0.084	0.172	0.142	2015	−0.185	−1.354	0.088
2009	−0.074	−0.367	0.357	2003—2015	0.029	0.915	0.180

注：空间权重矩阵设置为空间邻接稀疏矩阵。

4.3.3 回归结果分析

值得注意的是，宏观经济数据序列时常表现出共同变化趋势，如果直接对这些数据进行回归，极有可能会产生伪回归问题。为了避免此类问题发生，首先采用LLC、Breintung、IPS、ADF-fisher和ADF-pp方法进行单位根检验，检验结果拒绝了存在单位根的原假设，Breintung检验也接受了变量数据平稳假设，因此可构建模型对变量直接进行回归[①]。表4.4中：模型设定F统计量在1%水平上显著，表明模型设定联合显著；Hausman检验统计量也在1%水平上显著，表明应选择固定效应模型；Modified-Wald检验结果表明面板数据存在严重异方差问题，这意味着传统最小二乘（OLS）估计系数的t统计量将是不可靠的，而非参数协方差矩阵估计法（NCM）可以给出估计系数的异方差-稳健t统计量。此外，

---

① 限于篇幅，正文中未列出变量单位根检验结果，请参考附录B。

表 4.4 风险投资对全要素生产率影响的估计结果

变量	(1) OLS	(2) NCM	(3) NCM	(4) NCM	(5) NCM	(6) NCM
				TFP		
VC	0.0061***	0.0061**				
	(2.99)	(2.32)				
VCforeign			0.0067**			0.0062**
			(2.49)			(2.20)
VCstate				-0.0036		-0.0034
				(-0.61)		(-0.79)
VCprivate					0.0347**	0.0330**
					(2.60)	(2.53)
R&D	0.3426	0.3426	0.4125*	0.3930	0.2544	0.3240
	(1.45)	(1.74)	(1.91)	(1.55)	(1.14)	(1.63)
Buytech	0.0059	0.0059*	0.0056*	0.0069**	0.0072**	0.0058*
	(1.17)	(1.96)	(1.78)	(2.79)	(2.90)	(1.89)
HR	0.0136**	0.0136***	0.0138***	0.0141***	0.0136***	0.0135***
	(2.60)	(3.96)	(3.96)	(3.82)	(3.58)	(3.80)
Open	0.0329	0.0329*	0.0327*	0.0321*	0.0342*	0.0348*
	(1.38)	(1.98)	(1.91)	(1.78)	(2.03)	(2.14)
Gov	-0.0596	-0.0596	-0.0513	-0.0553	-0.0686	-0.0578
	(-0.67)	(-0.70)	(-0.59)	(-0.66)	(-0.83)	(-0.71)

续表

变量	(1) OLS	(2) NCM	(3) NCM	(4) NCM	(5) NCM	(6) NCM
				TFP		
Inst	0.0529 (1.58)	0.0529** (2.82)	0.0538** (2.78)	0.0537*** (3.06)	0.0549*** (3.30)	0.0563** (2.99)
Infra	0.0060 (0.34)	0.0060 (1.31)	0.0048 (0.99)	0.0049 (1.14)	0.0068 (1.69)	0.0057 (1.39)
Urban	0.0014* (1.70)	0.0014*** (5.35)	0.0014*** (5.08)	0.0013*** (4.78)	0.0015*** (4.76)	0.0015*** (5.00)
Year	控制	控制	控制	控制	控制	控制
Constant	0.8085*** (15.33)	0.7159*** (9.85)	0.7117*** (9.79)	0.7152*** (9.79)	0.7170*** (9.76)	0.7096*** (9.96)
Observations	390	390	390	390	390	390
R-squared	0.2420	0.2450	0.2448	0.2350	0.2459	0.2555
F	76.13***	43.78***	83.55***	11.48***	11.74***	20.78***
Hausman	166.66***	166.66***	104.48***	107.80***	57.61***	103.34***
Wooldridge	1114.12***	1114.12***	1183.27***	1250.61***	1100.97***	1100.53***
VIF	[1.87, 7.73]	[1.87, 7.73]	[1.68, 7.67]	[1.33, 7.69]	[1.37, 7.58]	[1.38, 7.78]

注："***""**""*"分别表示在1%、5%和10%水平上显著；括号内为各估计系数标准差-稳健t/z统计量。

在模型（1）~（6）中，各变量方差膨胀因子（VIF）取值范围为[1.33, 7.78]，均在合理的经验范围内，说明上述模型并不存在多重共线性问题[①]。

在不考虑风险投资背景因素的前提下，如表4.4中（1）列结果所示，风险投资最小二乘（OLS）估计系数为正值，且在1%水平上显著，表明风险投资对全要素生产率有正向影响。然而，考虑到模型中存在异方差和空间自相关等问题，本研究以非参数协方差矩阵（NCM）估计结果为参考标准。从表中（2）列结果可以看出，尽管风险投资估计系数显著性有所降低，但是依旧在5%的水平上显著，表明风险投资整体上有助于提升全要素生产率水平，进一步支持了Romain等（2004）[211]的"正面效应"观点，否定了"负面效应"和"中性影响"观点。与此同时，这也从侧面反映出在经济新常态背景下，以风险投资为代表的股权融资体系有助于提升中国的全要素生产率水平，从而加速中国经济增长动力转换，印证了Aghion和Cette（2014）[9]、Hernán等（2014）[26]的部分观点。

当将风险投资的背景因素纳入研究范围之后，本研究又有了一些新的发现。第一，表中（3）列结果表明，外资风险投资估计系数为正值且在5%水平上显著，说明外资风险投资有助于提升全要素生产率水平，假设H_1成立。第二，表中（4）列结果表明，国有风险投资估计系数为负值但是并不显著，说明国有风险投资对全要素生产率没有明显影响，假设H_2成立。可能原因在于国有风险投资管理多参照《国有资产评估管理办法》，代理人在国有资产保值增值压力和私人利益诱惑下，可能出现厌恶创新风险、突击进入上市前夕企业、追求稳定收益等行为，无法激励企业创新活动（余琰等，2014）[291]。第三，表中（5）列结果表明，民营风险投资估计系数为正且在5%水平上显著，说明民营风险投资能够提升全要素生产率水平，假设H_3成立。由此可见，不同背景的

[①] 经验判断准则：当$0<VIF<10$，不存在多重共线性；当$10≤VIF<100$，存在较强的多重共线性；当$VIF≥100$，存在严重多重共线性。

风险投资在提升全要素生产率过程中存在显著差异，这为现有经验研究结论的多样性提供了一个合理解释：风险投资究竟能否提升全要素生产率水平取决于其结构质量。结合表4.2中的描述性统计结果可知，外资占据着中国风险投资市场的主体地位，国有和民营风险投资发展相对缓慢，所以中国风险投资整体上表现的是外资风险投资生产率增长效应。可以推测，如果中国风险投资以国有风险投资为市场主体，那么整体上很可能对全要素生产率没有影响。

值得注意的是，不同背景的风险投资在提升全要素生产率过程中还存在效率差异，如表中（6）列结果所示，民营风险投资估计系数（0.0330）大于外资风险投资估计系数（0.0062），而且二者之间的差异在5%的水平上显著，假设H_{4b}成立[1]。结合前文的分析，我们认为：一方面，尽管外资风险投资机构在"项目筛选"和"增值服务"能力上具有比较优势，但同时也面临着地理距离、文化距离以及法律制度等方面的障碍，这些不利因素可能会削弱其对全要素生产率的积极作用，相比之下，中国民营风险投资机构更加熟悉本地市场环境，而且拥有广泛社会关系和信息资源，这在一定程度上弥补了其业务能力方面的不足，最终在提升全要素生产率过程中表现出了整体效率优势（Hua等，2016）[299]；另一方面，按照许昊等（2017）[322]的分析，风险投资和区域创新产出之间的关系是"倒U型"关系，当风险投资强度超过门槛值后便会产生资本边际报酬递减现象，所以外资和民营风险投资的规模差异可能也是造成效率差异的原因之一。

在控制变量中我们可以发现如下结果。

第一，自主研发和国外技术引进活动估计系数均为正值，但只有后者在10%水平上显著，说明当前中国全要素生产率增长主要来源于国外技术引进消化吸收，而自主研发活动在短期内难以肩负起驱动全要素生产率增长的重任，印证了第3章中的分析结论。究其原因，一方面，中

---

[1] Wald统计量值为5.91，在5%的水平上拒绝了估计系数相等的假设。

国科技成果转化效率相对低下，研发活动的专利多半处在"闲置"状态，并未成功转化为现实生产力，所以对全要素生产率没有明显影响（李平，2006）[323]。如《2017年中国专利调查数据报告》的分析表明，中国专利申请数量快速增长，但是有效专利实施率为50.3%，而专利产业化率仅为34.6%，大量专利未经过商业化应用和推广，造成了科技资源严重浪费。另一方面，改革开放以来推行的"以市场换技术"策略，虽然短期内取得了快速技术进步，但是长此以往会产生"锁定效应"，使得本土企业形成了对国外技术引进的路径依赖，所从事的科技活动也多集中在国外技术引进消化吸收或者国内技术改造方面，缺乏对基础性前沿性技术的研发能力（唐未冰等，2014）[304]。

第二，人力资本和对外开放估计系数为正值，且至少在10%水平上显著，说明人力资本和对外开放能提升全要素生产率水平。结合陆旸和蔡昉（2016）[324]的研究可知，尽管当前中国"人口红利"呈现锐减趋势，劳动力在部门间转移带来的资源重新配置效应也逐渐消失，但是未来依旧可以通过提升劳动力素质、培育创新型人力资本等方式来提高全要素生产率水平。同时，未来还需要进一步深化对外开放水平，但是未来规划对外开放的质量功能不能局限于单纯的资本或者产品引进，应着眼于全要素生产率改进和提升，争取实现"引资""引技"和"引智"的融合，并将这些福利扩展至生产服务领域（谷克鉴，2018）[325]。需要说明的是，本章虽然初步验证了对外开放水平对全要素生产率的积极影响，但尚未明确这种潜在生产率增长效应究竟是来自资本账户还是来自贸易开放，第6章将对此予以详细分析。

第三，政府行为和制度质量估计系数符号相反但仅有后者显著，说明制度质量有助于全要素生产率改善，而政府行为对全要素生产率并没有明显影响。可能的原因在于：对于政府行为而言，它对全要素生产率的影响具有两面性，政府对科技教育的投入能够提升全要素生产率，但是政府对市场的过度干预也引发了效率损失，这种正负面影响同时存在且互相抵消，所以整体上对全要素生产率没有影响；制度质量对技术创新和全要素生产率的影响存在门槛效应，这反映出我国市场化改革已经使得制度质量超过门槛值水平，并带来了技术创新和全要素生产率增长（董利红等，2015；赵启纯，2017）[326, 327]。

此外，基础设施和城市化估计的系数均为正值，但基础设施的估计系数并不显著，说明其对全要素生产率没有显著影响。城市化估计系数在1%水平上显著，这与魏下海和王岳龙（2010）[318]的研究结论基本一致，说明城镇化过程中的要素集聚、技术溢出以及规模经济效应等有助于提升全要素生产率水平。

4.3.4 稳健性检验

值得注意的是，上述分析可能存在由测量误差和遗漏变量等导致的内生性问题。借鉴 Arellano 和 Bond（1988，1991）[328, 329]、Conley（2004）[330]的研究，我们把 $TFP_{i,t-1}$、VC_{it}、$VCforgein_{it}$、$VCstate_{it}$ 等视为模型的内生变量，将其两阶及以上的滞后项作为工具变量，使用动态面板广义矩估计法（GMM）重新估计，以此考察上述回归结果的稳健性①。如表4.5所示：AR（1）检验统计量在1%水平上显著，AR（2）检验统计量不显著，说明模型设定是合理的；Hansen检验统计量不显著，说明工具变量选择是有效的。不难发现，在控制了模型内生性问题后，绝大多数变量的系数符号及显著性并未发生明显变化，表明模型回归结果是整体稳健的。需要说明的是：第一，民营风险投资估计系数（0.0596）大于外资风险投资估计系数（0.0115），二者的差异依旧在5%水平上显著；第二，全要素生产率滞后项的估计系数为正值且在1%水平上显著，表明全要素生产率的增长还将受到其历史水平影响，具有明显的"循环累积"效应，而这正是造成中国全要素生产率"贫富分化"的主要原因之一（余泳泽，2015）[331]。

---

① 针对模型中存在的空间相关性问题，Conley（1999）提出了改进的GMM法。

表 4.5　稳健性检验结果

变量	TFP (1) GMM	(2) GMM	(3) GMM	(4) GMM	(5) CGMM	(6) GMM
L.TFP	0.4365***	0.6225***	0.6483***	0.5880***	0.5681***	0.5791***
	(3.25)	(4.85)	(4.98)	(4.30)	(4.46)	(4.64)
VC	0.0095***	0.0159***				
	(3.55)	(5.05)				
VCforeign			0.0123***			0.0115***
			(3.70)			(4.10)
VCstate				0.0020		−0.0040
				(0.24)		(−0.43)
VCprivate					0.0585***	0.0596***
					(3.73)	(3.27)
Contorls	控制	控制	控制	控制	控制	控制
Observations	360	360	360	360	360	360
AR（1）	−2.72***	−2.84***	−2.93***	−3.07***	−2.98***	−3.09***
AR（2）	−0.24	−0.37	0.64	0.54	0.26	0.09
Hansen	7.89	10.82	8.88	9.66	6.31	6.90

注："***""**""*"分别表示在1%、5%和10%的水平上显著；限于篇幅，正文中不再报告控制变量（Controls）的估计系数。

4.3.5　进一步讨论

上述分析证实了风险投资在提升全要素生产率中的异质性，尚未明确它们是否符合"风险投资—创新活动—全要素生产率"的理论逻辑。若想解决该问题，首先必须准确地衡量创新活动。结合第2章的理论分析可知，熊彼特指出创新是一种"新组合"，涵盖产品创新、工艺创新、市场创新和组织创新等多种形式，并严格区分了"创新"与"发明"的概念。在风险投资研究经验领域中，常见创新指标有研发投入、专利产出和新产品销售收入等。虽然研发经费和专利数据简单易得,但它们更多衡量的是发明,发明并不一定能够转化为创新,而且创新活动也并非完全来自发明,还可能来自组织、管理以及市场等方面的创新(杨大楷和邵同尧,2010)[332]。考虑到中国科技成果转化率相对较低、组织管理等创新难以从区域层面来衡量等情况,本章仅围绕产品创新展开进一步讨论,并选择各地区企业新产品销售收入占其 GDP 比例作为代理变量。鉴于面板数据变量之间存在跨期相关性,无法满足结构方程模型的变量相互独立的假设前提,故采用基于递归模型的路径分析法,结果如图 4.2 所示。

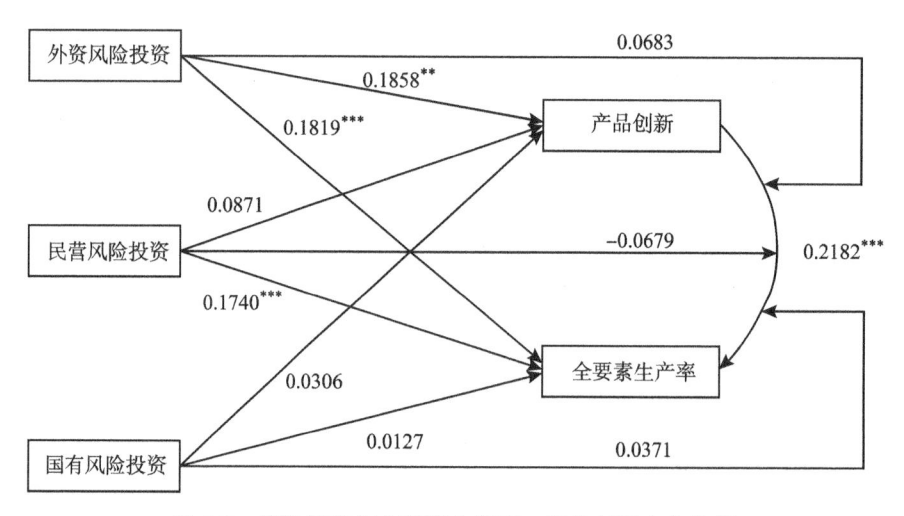

图 4.2 风险投资与全要素生产率:产品创新中介作用

注:"***""**""*"分别表示在 1%、5% 和 10% 水平上显著。

如图 4.2 所示,产品创新的估计系数为正值且在 1% 水平上显著,说明产品创新能够显著提升全要素生产率水平。外资风险投资对产品创新和全要素生产率的估计系数均为正值且在 5% 水平上显著,说明外资风险投资不仅能够通过激励产品创新提升全要素生产率,还能通过激励其他形式的创新或者创新以外的途径提升全要素生产率。相比之下,民营风险投资对产品创新并没有显著影响,但依旧能够提升全要素生产率水平,它可能是通过其他形式的创新或者创新以外的途径来影响全要素生产率的。此外，本章还进一步验证了不同背景的风险投资对产品创新和全要素生产率之间的关系是否存在调节效应，研究发现外资和国有风险投资的调节效应系数为正值，而民营风险投资的调节效应系数为负值，但是它们均不具有统计意义上的显著性，这说明外资、国有和民营风险投资均无法有效提升产品创新活动对全要素生产率的边际贡献。

4.4　本章小结

针对第一类问题，即风险投资是否有助于提高中国全要素生产率，不同背景的风险投资对全要素生产率的影响及其效率是否存在显著差异，本章在熊彼特增长理论框架下，融合柯兹纳企业家精神理论，首先确立了风险投资驱动全要素生产率增长的理论机制，并在此基础上提出异质效应假设。然后，基于2003—2015年中国省级面板数据，利用非参数协方差矩阵估计法，从区域层面考察风险投资对全要素生产率的影响，验证不同背景的风险投资在提升全要素生产率过程中的效率差异。研究发现：①风险投资整体上有助于提升中国全要素生产率水平，较好地支持了"正面效应"观点，这从侧面说明未来中国创新经济的发展可以更多地依靠风险投资等股权融资体系，印证了Aghion和Cette（2014）[9]、Hernán等（2014）[26]的观点；②不同背景的风险投资对中国全要素生产率的影响存在异质效应，外资和民营风险投资能够有效提升全要素生产率水平，而国有风险投资对全要素生产率并没有显著的影响，这说明在市场化机制运作下的风险投资通常更加有效；③外资和民营风险投资在提升全要素生产率过程中还存在效率差异，民营风险投资对全要素生产率提升效应显著大于外资风险投资，其原因可能在于地理、文化以及制度等因素。此外，进一步讨论结果表明，外资风险投资能够通过产品创新提高全要素生产率水平。

基于以上结论，可得到如下启示。从理论层面来讲，既然不同背景的风险投资在提升全要素生产率过程中存在异质性，就可以从"结构质量"视角为现有经验研究结论的多样性提供一种全新解释，即风险投资整体上能否提升全要素生产率最终取决于其结构质量。以中国风险投资市场为例，外资风险投资占据着市场主体地位，而民营和国有风险投资发展相对缓慢，所以中国风险投资主要体现的是外资风险投资生产率增长效应。试想，如果以国有风险投资作为市场主体，那么风险投资在提升全要素生产率方面必然是低效甚至无效的。从政策层面来讲，既然不同背景的风险投资在提升全要素生产率过程中存在异质效应，那么未来就需要注意优化风险投资结构质量，努力提升风险投资整体经济绩效。具体而言，未来在继续吸引外资风险投资的同时，还应充分重视并鼓励社会资本参与风险投资发展，并给予民营风险投资机构相应的优惠政策待遇，以充分释放其在提升全要素生产率过程中的效率优势。对于国有风险投资而言，未来不能仅停留在资金引导和撬动层面，还应积极推动国有风险投资市场化运作，还要努力提升其全要素生产率绩效。

第 5 章

中国风险投资与全要素生产率：作用路径考察

本章旨在回答第二类问题：风险投资究竟是通过何种路径来提升全要素生产率的？不同背景的风险投资对全要素生产率的作用路径是否存在依赖性？首先，以熊彼特经济发展理论和法瑞尔技术效率理论为依托，探讨风险投资对技术进步和技术效率的影响机制，在此基础上提出路径依赖假设；其次，基于2003—2015年中国省级面板数据，在考虑空间相关性的前提下设定计量模型，从区域层面考察不同背景的风险投资对技术进步和技术效率的影响差异；最后，解释回归结果，验证路径依赖假设是否成立，提出研究结论和政策启示。

5.1 理论分析与研究假设

全要素生产率增长路径有两种：技术进步和技术效率。其中，技术进步表示任何引起生产前沿面向外移动的技术变化，技术效率是在既定技术水平下生产实践活动与生产前沿面之间距离的变动。由第 2 章文献综述可知，虽然国内外学者从国家、产业和企业层面验证了风险投资对全要素生产率的影响，但鲜有研究考察风险投资对全要素生产率的作用路径。因此，本章从熊彼特经济发展理论和法瑞尔技术效率理论出发，首先系统梳理风险投资与技术进步、技术效率之间的内在联系，然后结合经验层面相关证据，重点分析外资和民营风险投资对技术进步、技术效率的实际影响，并提出相关研究假设。

5.1.1 理论机制分析

由第4章的分析可知，全要素生产率的增长主要依赖企业创新活动，不同形式的创新对全要素生产率的影响方式不同。"熊彼特创新"共包含五种基本形式：①产品创新，创造一种新的产品，或产品的一种新特性；②工艺创新，采用一种新的生产方法，也就是在制造部门中尚未经过实践检验的方法；③市场创新，开辟一个新的市场，也就是相关国家的相关制造部门不曾进入的市场；④资源配置创新，获取或控制原材料或者半制成品的一种新的供应来源；⑤组织创新，实现一种工业的新组织①。Nelson 和 Winter（1982）[333]、Friedman 等（1992）[334] 在熊彼特的创新概念基础上，指出创新不仅仅是技术创新，还包括商业模式、组织、管理和市场等其他非技术方面的创新，技术创新与组织管理之间存在密切协同关系。Drucker（1985）[335] 在探讨创新与企业家精神时也强调，创新并不一定是技术上的，甚至可以不是一个现实存在的东西，企业竞争优势来自技术和非技术创新。为了简化后续的分析过程，本研究参考《奥斯陆手册：创新数据采集和解释指南（第3版）》中的分类标准，将创新划分为两种类型：技术创新和非技术创新②。其中，技术创新包含产品创新和工艺创新，非技术创新是指除技术创新以外的所有的创新形式，包括组织创新、管理创新、市场创新和制度创新等。按照 Mohnen 和 Hall（2013）[336]、刘世锦等（2015）[275] 的理论逻辑，技术创新有助于推动技术进步，非技术创新有助于改善技

---

① 这里的"组织创新"也可以看成早期狭义的制度创新，道格拉斯·诺斯和兰斯·戴维斯等继承并发展了熊彼特关于制度创新的思想，将熊彼特创新理论与制度经济学两个学派融合，正式创建了制度创新学派，他们指出组织和管理变革也是推动经济发展的重要原因。

② 《奥斯陆手册：创新数据采集和解释指南（第3版）》是OECD出版的最新版本，该版本扩展了创新的定义，新增了有关非技术创新和非OECD国家的创新调查等方面的内容。

术效率,全要素生产率在"双核驱动"下实现增长。

熊彼特在1912年发表的《经济发展理论》中将技术进步分为三个阶段:技术发明、技术创新与技术扩散(Schumpeter,1934)[32]。其中,技术创新是技术发明的首次商业化应用,而技术扩散是对已有创新大面积的模仿学习,包括自发的技术传播和有组织的技术转移①。值得注意的是,一项新的技术发明,如果不经过商业化应用和推广,将不会对经济产生任何实质性影响;创新只能提高单个或者少数企业技术水平,地区或行业技术进步往往需要通过技术扩散实现(傅家骥等,1991)[337]。技术进步是资本积累的一种副产品,风险投资不仅能够为研发活动提供资金和管理支持,还能通过增值服务促进科技成果商业化和转移扩散,贯穿着技术进步的整个过程。具体而言:①从资源互补角度来讲,风险投资不仅为企业研发活动提供可靠资金支持,还带来了职业化经理人、技术资源以及行业资源等增值服务,有助于提高企业研发活动投入和专利产出水平(Gorman和Sahlman,1989;Gebhardt,2000)[279,338];②从机制适应角度来讲,中小企业内源式创新在发明商业化过程中面临着诸多障碍,而风险投资借助其快速组合资源能力有助于突破这些障碍,能够提升企业科技成果转化效率(吕炜,2002)[339],与此同时,风险投资所提供的市场信息可以帮助企业预知产品开发过程中的潜在风险点,不仅能够缩短新产品开发周期,还能推动生产工艺升级并进一步降低产品成本(Kelly和Kim,2016)[340];③从社会网络角度来讲,风险投资是国家创新系统中的网络节点,承担着创新(发明)所有者与潜在使用者之间信息传递的角色,不仅可以加速技术知识在公共研究与开发机构、高等院校与创

---

① 熊彼特将技术扩散简单地视为对创新的模仿学习,并未对技术扩散概念作详细界定。参考李平(1991)等的研究,本研究将技术扩散定义为技术知识通过一定渠道在潜在使用者之间的传播、采用的过程,包括自发的技术传播和有组织的技术转移。需要说明的是,文献中还经常出现"技术创新扩散"概念,二者之间的主要区别在于:技术创新扩散过程始于技术发明首次商业化应用之时,技术扩散过程应始于技术发明出现之时,这种差别通常被忽略(曹兴和柴张琦,2013)。

业企业之间流动，还能促进企业之间结成技术合作联盟，推动技术知识在潜在使用者之间的转移扩散（Wonglimpiyarat，2006）[341]；④从风险分散角度来讲，技术创新是一项高风险的长期活动，风险投资不仅可以把企业基础研发、试验发展以及产业化过程中的风险分散到各个经济主体，还能使各个经济主体依据各自优势对技术创新做出相应的贡献，这样可以提高企业存活概率和创新成功概率，并有助于提升全社会创新活动均衡水平（Kanniainen 和 Keuschning，2004）[342]。此外，风险投资还可以通过价格发现等机制促进技术创新。

技术效率的概念最初是由法瑞尔在1957年提出的，他从投入角度指出技术效率是在相同产出情况下生产单元最小可能性投入与实际投入的比率，代表着对现有技术的利用程度，可进一步分解为纯技术效率和规模效率[①]。其中，纯技术效率是组织、管理和制度等非技术因素影响的生产效率，规模效率是由企业规模因素影响的生产效率（Farrell，1957）[343]。需要说明的是，在实际生产活动中，仅有少数企业处在生产前沿面上，绝大多数企业都处于次优或者远离生产前沿面的状态。如果微观层面企业都能将生产实践活动推向生产前沿面，宏观层面的技术效率和全要素生产率就会增长（李平，2016）[344]。风险投资不仅可以提高企业组织的专业化程度，还能改善其经营管理水平并及时扩大发展规模，可以从多个方面改善技术效率。具体来讲：①从组织变革角度来讲，风险投资者能够利用自身的专业经验帮助企业重设或者改革现有人力资源制度、员工薪酬体系以及股权激励计划等，有助于提升企业组织和分工专业化程度（Hellmann 和 Puri，2002）[152]；②从公司治理角度来讲，风险投

[①] 法瑞尔（1957）并没有把配置效率纳入技术效率分析，而是将技术效率和配置效率统称为经济效率。事实上，如果按照 Kumbhakar 和 Lovell（2000）的理论框架，将技术效率分解为纯技术效率、规模效率和配置效率，那么风险投资还可以通过优化资源配置来提升技术效率。首先，风险投资的"项目筛选"发挥了金融市场的配置功能，能够把科技资源集中配置到最有潜力的企业，同时监督企业采取更加有效的方式利用资源；其次，借助于"信号发送"和"价值认证"功能，风险投资还能缓解大众投资者和企业之间的信息不对称和逆向选择，引导社会资本流向具有高成长性的创业企业，有助于提高整个社会的资源配置效率（Gompers，1999；李耀等，2017）。

资采取分阶段投资、派驻董事以及薪酬激励方式，能够改善企业财务治理和投资治理水平，有助于提升企业管理效率和经营绩效（Baker和Gompers，2003）[345]；③从企业成长角度来讲，企业在创立初期缺少资源且具有机会主义倾向，风险投资参与不仅带来了企业生产性资源，还能为企业制定科学的市场开发和营销策略，能够促进企业生产和销售规模快速增长（张玉利，2003）[346]；④从制度变迁角度来讲，风险投资不仅可以形成激励企业创新的政策安排，还能通过培育高新技术产业引起市场环境改变，这又会推动法律制度和税收制度环境逐渐趋于完善（高波，2003）[213]。此外，风险投资不仅能够在微观层面带动中小企业成长，还可以促进高新技术产业在空间上集聚，这又会进一步扩大规模经济效应。

综上所述，风险投资不仅能够通过促进企业研发创新、促进科技成果转化和技术转移扩散等方式推动技术进步，还能通过提升企业组织专业化程度、公司治理、市场拓展和制度变迁等方式改善技术效率，从而驱动全要素生产率增长。为了直观地理解这个作用过程，绘制风险投资与技术进步、技术效率关系机理图，具体如图5.1所示。

5.1.2 路径依赖假设

理论上，风险投资既可以推动技术进步，又能够改善技术效率。然而，结合企业生命周期理论可知，风险投资对企业的增值作用方式随着企业的发展阶段而变化。在种子期和初创期，风险投资的主要价值在于融资支持，其资金基本都投向了研究与试验发展和产品开发活动；在成长期，风险投资的作用主要体现在企业生产管理和市场营销方面；在成熟期，风险投资的主要影响体现在公司治理和包装上市方面（吴兆龙和丁晓，2004；任学锋等，2001）[447, 448]。实践中，不同背景的风险投资对投资阶段、监管策略以及退出方式的偏好有所不同，这会造成它们对全要素生产率作用路径的依赖性。本章拟从企业生命周期理论视角出发，结合现有的经验层面的研究结论，按照"技术创新—技术进

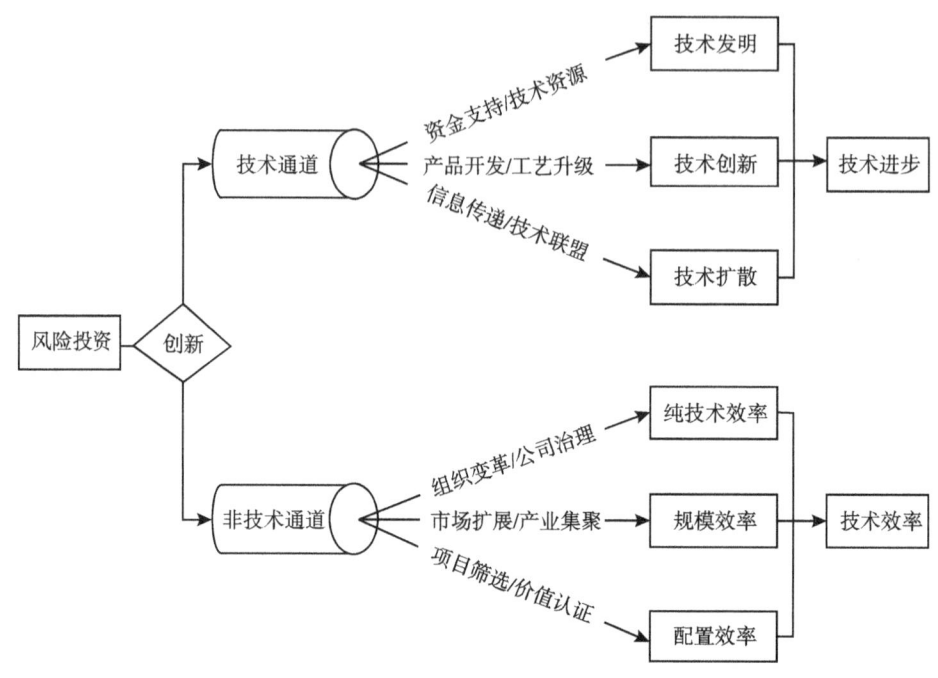

资料来源：Gebhardt（2000），吕炜（2002），张方万和万霄（2009）等。

图 5.1　风险投资与技术进步（效率）关系机理

步""非技术创新—技术效率"脉络，分析外资和民营风险投资对技术进步和技术效率的实际影响，并提出路径依赖假设。

1. 外资风险投资的作用路径分析

外资风险投资规模大且从业经验丰富，具有较强的风险管理能力，多偏好初创期和成长期创业企业项目，鼓励企业从事高质量研发活动，它们寻求企业的长期投资价值（Wu 等，2015）[349]。从经验研究结论来看，外资风险投资不仅增加了企业专利产出，还为其带来了国外前沿技术信息，并且在国际技术转移过程中发挥着网络媒介作用。如在技术发明与创新阶段：冯亚男（2015）[350]、Wang 等（2016）[351]的估计结果表明，外资风险投资对所投资的企业的研发活动有显著正向影响，不仅能够增加企业研发活动投入力度，还能促进研发投入转化为高质量的专利产出；陈海培（2014）[352]把新产品销售收入作为创新指标，研究发现外资风险投资有助于增加企业新产品销售收入。在技术转移扩散阶段，Ozmel 等（2013）[353]研究发现，外资风险投资能够帮助国内企业建立国际技术合作关系，鼓励企业引进国外技术，迅速占领国内市场，这其中隐含的国际技术溢出效应有助于东道主国家技术进步。此外，外资风险投资倾向于通过并购退出企业，而企业并购不仅仅是控制权变更，同时还伴随着技术知识转移。基于以上分析，提出如下假设。

H_1：外资风险投资能够有效地推动技术进步。

随着企业进入成长期，风险投资对企业的影响逐渐从技术产品层面转向经营管理层面。外资风险投资侧重于从战略层面监管企业，它们普遍具有良好声誉和增值服务能力，原则上有助于企业市场势力范围扩展和经营绩效改善，然而实践中地理距离、文化差异与制度障碍可能会削弱其对技术效率的作用（Pruthi 等，2003）[140]。在经验研究层面，早期学者研究发现外资风险投资对企业成长（王泽翼，2011）[354]、经营效率（孙杨等，2012）[355]、投资效率（吴超鹏等，2012）[356]以及 IPO 绩效（张学勇等，2011）[148]存在积极影响。然而，一些研究表明外资风险投资的作用似乎没有那么明显。如 Humphery-Jenner 和 Suchard（2013）[357]的分析表明，外资风险投资对企业 IPO 绩效没有显著影响，其原因可能在于地理距离带来的交易成本和中外管理理念冲突；封亚（2015）[358]研究发现，虽然外资风险投资从业经验丰富，但它们并不熟悉中国管理文化和市场环境，在实践中也无法深度参与公司治理，对经营效率没有显著影响；雷光勇等（2017）[359]在中国制度环境下考察了风险投资对投资效率的影响，研究发现风险投资的国有背景能对企业长期投资强度有显著的正向影响，但并没有证据表明外资风险资本具有影响企业投资决策的能力。考虑到地理、文化与制度三重距离，本研究认为外资风险投资对技术效率的影响是有限的，提出如下假设。

H_2：外资风险投资对技术效率的影响是有限的。

2. 民营风险投资的作用路径分析

中国民营风险投资规模偏小且风险容忍度低，在投资绩效的压力下容易表现出急功近利的行为，多偏好传统行业内成熟期或上市前夕企业项目，或者互联网商业模式创新创业项目，它们寻求将企业包装上市并尽快树立声誉，具有短期逐利倾向（王戈宏，2001；Wu 等，2015）[360, 349]。从经验研究结论来看，虽然民营风险投资在扶持企业研发和创新过程中是有效的，但它们在推动技术扩散过程中的动力明显不足。在技术发明与创新阶段，苟燕楠和董静（2014）[16]的实证分析表明，民营风险投资对企业研发投入和专利产出均存在正向的影响。然而，蒋桂红（2015）[361]指出，企业上市需要满足一定的盈利条件，创新能够帮助企业建立竞争优势并获取垄断利润，而技术扩散会引发企业利润损失并延误上市时机。民营风险投资十分注重企业知识产权保护，一般不会允许技术的大面积扩散，或者仅在少数合作伙伴之间推动技术转移。考虑到民营风险投资多偏好成熟期或上市前夕企业项目，且在技术扩散过程中缺乏动力，提出如下假设。

H_3：民营风险投资对技术进步的影响是有限的。

民营风险投资侧重于从运营层面监管企业，它们拥有天然地理优势和社会关系，更加熟悉本地文化、市场和制度环境，但同时也面临着从业经验和管理能力相对不足的问题（Pruthi 等，2003）[140]。在经验研究层面，现有多数文献表明民营风险投资对企业组织成长、经营效率、投资效率以及 IPO 绩效等存在积极的影响。魏佩雯（2013）[362]研究发现，民营风险投资有助于推动组织变革和管理团队职业化，带来企业市场占有率增长；张丰和张健（2009）[363]指出，民营风险投资机构在投后阶段付出的时间和精力较多，能够改善公司治理结构并提升经营管理效率；许昊等（2016）[364]研究发现，民营风险投资有助于缓解大众投资者对企业价值认识的信息不对称和不确定性，可以有效提升企业 IPO 绩效；杨昀和邹正宜（2017）[365]从资源基础理论出发，实证分析了民营风险投资对企业非效率投资行为的影响，发现民营有风险投资能够有效缓解企业投资不足和投资过度问题。基于以上分析，可以看出民营风险投资能够有效改善企业经营管理效率、公司治理以及 IPO 市场绩效，据此提出如下假设。

H₄：民营风险投资能够有效地改善技术效率。

基于以上分析，可以得出"路径依赖"假设：不同背景的风险投资对全要素生产率的作用路径存在依赖性，外资风险投资主要是依赖于推动技术进步提升全要素生产率，民营风险投资主要是依赖于改善技术效率提升全要素生产率。结合第 4 章的分析，根据风险投资来源结构还可以推测，风险投资整体上是通过推动技术进步来提升全要素生产率的。

5.2 研究设计

5.2.1 变量指标

1. 因变量

关于如何准确地测量区域技术进步和技术效率，学术界尚未形成统一参考标准。早期学者曾在技术充分有效假设下，把全要素生产率视为技术进步的代理变量。然而，现实生产活动中的技术并不是完全有效的，全要素生产率增长不仅来源于技术进步，还来源于效率改善。本章在 Färe 等（1994）[57]全要素生产率指数框架下，采用第 3 章分解的技术进步和技术效率指数作为因变量，类似的研究还可参考彭昳等（2008）[366]。

2. 自变量

与第 4 章的研究保持一致，本章采用各地区风险投资总额占 GDP 比例来衡量风险投资活动强度，以便修正经济周期波动的影响。同时，按照风险投资机构背景将风险投资进一步细分为外资风险投资、国有风险投资和民营风险投资。其中，外资风险投资，包括外商独资企业和中外合资企业的投资总额；国有风险投资，包括政府引导基金、中央企业和地方国有企业的投资总额；民营风险投资仅包括民营企业投资总额。

3. 控制变量

结合第 4 章的理论分析，选取以下控制变量：①知识资本，采用各地区的研发资本和国外技术引进费用占GDP的比例来衡量；②人力资本，采用各地区劳动力人口平均受教育年限来衡量；③对外开放，采用各地区外商直接投资和进出口总额占GDP的比例来衡量；④政府行为，采用各地区政府财政支出规模占GDP的比例来衡量；⑤制度质量，采用各地区工业总产值中非国有工业企业的比例来衡量；⑥基础设施，采用各地区交通基础设施、能源基础设施以及信息基础设施的综合发展水平来衡量；⑦城市化水平，采用各地区非农业人口占总人口的比例来衡量。需要说明的是，上述变量均可能对技术进步和技术效率同时产生影响。程惠芳和陈超（2017）[367]的分析表明，在开放经济条件下，企业的研究与试验发展活动能够增加知识积累并带来技术进步，而技术引进活动能够提升企业技术消化吸收能力，这反过来又会影响它们对现有技术知识的利用效率；陈关聚（2013）[368]研究发现，创新型人力资本有助于提升技术创新能力并推动技术进步，管理者受教育程度增加有助于改善决策质量和经营绩效并提升技术效率；罗良文和阚大学（2012）[369]研究发现，外商直接投资所隐含的技术溢出效应有助于推动东道主国家技术进步，贸易开放可以通过释放规模经济效应改善技术效率。

表 5.1 变量定义及说明

类型	名称	符号	定义
因变量	技术进步	$Tech$	该地区的技术进步指数
	技术效率	$Effch$	该地区的技术效率指数
自变量	风险投资	VC	该地区风险投资总额占GDP比例（%）
	外资风险投资	$VCforeign$	该地区外资风险投资总额占GDP比例（%）
	国有风险投资	$VCstate$	该地区国有风险投资总额占GDP比例（%）
	民营风险投资	$VCprivate$	该地区民营风险投资总额占GDP比例（%）
控制变量	自主研发	$R\&D$	该地区研发资本费用占GDP比例（%）
	技术引进	$Buytech$	该地区国外技术引进费用占GDP比例（%）
	人力资本	HR	该地区劳动力人口的平均受教育年限（年/人）
	对外开放	$Open$	该地区外商投资和进出口总额占GDP比例（%）

续表

类型	名称	符号	定义
控制变量	政府行为	Gov	该地区政府财政支出占GDP比例（%）
	制度质量	Inst	该地区非国有工业企业产值占总产值比例（%）
	基础设施	Infra	该地区交通、能源及信息基础设施综合发展指数
	城市化	Urban	该地区非农业人口占总人口比例（%）

5.2.2 样本数据

本章选取2003—2015年30个省（自治区、直辖市）作为研究样本。其中，技术进步指数、技术效率指数由全要素生产率指数分解得到，后者的测算数据来自国家统计局、《中国国内生产总值核算历史资料1952—1995》《中国国内生产总值核算历史资料1994—2004》《中国人口与就业统计年鉴》以及各省、自治区、直辖市统计年鉴；风险投资指标测算数据来自万得（Wind）中国PE/VC数据库；研发资本指标测算数据来自《中国科技统计年鉴》和国家统计局；国外技术引进指标测算数据来自《中国科技统计年鉴》和国家统计局；人力资本指标测算数据来自《中国劳动统计年鉴》和各省、自治区、直辖市统计年鉴；对外开放指标测算数据来自国家统计局、《中国对外投资统计公报》；政府行为指标测算数据来源于国家统计局；制度质量指标测算数据来自《中国工业经济统计年鉴》以及各省、自治区、直辖市统计年鉴；基础设施指标测算数据来源于国家统计局、《中国第三产业统计年鉴》和《中国能源统计年鉴》；城市化指标测算数据来自《中国就业和人口统计年鉴》。

5.2.3 模型方法

1. 计量模型

沿用第4章的模型构建思路，首先在不考虑风险投资背景的前提下，构建固定效应回归模型（5.1），考察风险投资对技术进步的影响，并以此作为判断风险投资是否能够通过推动技术进步提升全要素生产率的依据。

$$Tech_{it}=\beta_0+\beta_1 VC_{it}+\beta_2 R\&D_{it}+\beta_3 Buytech_{it}+\beta_4 HR_{it}+\beta_5 Open_{it}+\beta_6 Gov_{it}+$$
$$\beta_7 Inst_{it}+\beta_8 Infra_{it}+\beta_9 Urban_{it}+\tau_t+\alpha_i+u_{it} \tag{5.1}$$

其中，i 代表地区，t 代表时间，α_i 代表地区固定效应，τ_t 代表时间固定效应，u_{it} 代表随机误差项。然后，依次将外资风险投资、国有风险投资和民营风险投资变量引入模型，分别考察不同背景的风险投资对全要素生产率的作用路径是否存在差异，如模型（5.2）、（5.3）、（5.4）所示[①]。

$$Tech_{it}=\beta_0+\beta_1 VCforeign_{it}+\beta_2 R\&D_{it}+\beta_3 Buytech_{it}+\beta_4 HR_{it}+\beta_5 Open_{it}+\beta_6 Gov_{it}+$$
$$\beta_7 Inst_{it}+\beta_8 Infra_{it}+\beta_9 Urban_{it}+\tau_t+\alpha_i+u_{it} \tag{5.2}$$

$$Tech_{it}=\beta_0+\beta_1 VCstate_{it}+\beta_2 R\&D_{it}+\beta_3 Buytech_{it}+\beta_4 HR_{it}+\beta_5 Open_{it}+\beta_6 Gov_{it}+$$
$$\beta_7 Inst_{it}+\beta_8 Infra_{it}+\beta_9 Urban_{it}+\tau_t+\alpha_i+u_{it} \tag{5.3}$$

$$Tech_{it}=\beta_0+\beta_1 VCprivate_{it}+\beta_2 R\&D_{it}+\beta_3 Buytech_{it}+\beta_4 HR_{it}+\beta_5 Open_{it}+\beta_6 Gov_{it}+$$
$$\beta_7 Inst_{it}+\beta_8 Infra_{it}+\beta_9 Urban_{it}+\tau_t+\alpha_i+u_{it} \tag{5.4}$$

然后，将外资风险投资、国有风险投资和民营风险投资变量同时引入回归模型，重点考察它们在推动技术进步过程中是否存在效率差异。

$$Tech_{it}=\beta_0+\beta_1 VCforeign_{it}+\beta_2 VCstate_{it}+\beta_3 VCprivate_{it}+\beta_4 R\&D_{it}+\beta_5 Buytech_{it}+$$
$$\beta_6 HR_{it}+\beta_7 Open_{it}+\beta_8 Gov_{it}+\beta_9 Inst_{it}+\beta_{10} Infra_{it}+\beta_{11} Urban_{it}+$$
$$\tau_t+\alpha_i+u_{it} \tag{5.5}$$

[①] 需要说明的是，虽然第4章的研究结论表明国有风险投资对全要素生产率没有显著影响，但它依旧可能对技术进步和技术效率产生影响。试想，如果国有风险投资对技术进步和技术效率的作用方向相反，就可能对全要素生产率没有显著影响。因此，本章在构建回归模型时依旧把国有风险投资纳入研究范围。

最后，以技术效率（$Effch_{it}$）为因变量，重复上述建模过程，考察不同背景的风险投资对技术效率的影响差异，以此作为判断它们能否通过改善技术效率提升全要素生产率水平的依据。

2. 估计方法

区域经济活动通常伴随着空间相关性。空间计量方法突破了传统计量经济学的限制，将空间相关性纳入模型之中，可有效解决普通最小二乘法（OLS）处理空间数据时的潜在估计偏误问题，但也因计量模型的设定问题饱受争议，并由此推动了空间计量经济学不断发展。在模型设定方面，以往研究多关注空间滞后模型（SAR）、空间误差模型（SEM）和空间杜宾模型（SDM）等经典模型及其应用，同时衍生出了一系列模型设定方法，如 LM、Robust LM、Wald、Ratio 以及 J 检验等（Elhorst，2014）[370]。然而，LeSage 和 Pace（2014）[371]的分析表明，现实世界中的空间溢出现象多为局域溢出，而国内外学者在设定计量模型时普遍忽视了对空间溢出形式的探讨，仅仅局限于 SAR、SEM 和 SDM 等经典模型，极有可能造成模型误设问题；Halleck 和 Elhorst（2015）[372]也强调，在进行上述模型设定检验之前，首先必须明确是全局溢出效应还是局域溢出效应，然后才能选择与之相符的空间计量模型。具体来讲，全局溢出效应是指某个区域解释变量的变动对其一阶及其以上邻接区域的因变量的影响，主要表现为内生交互作用及反馈效应，其模型基本形式为空间杜宾模型（SDM）：

$$y_{it} = \rho W y_{it} + X_{it}\beta + W X_t \gamma + \alpha_i + \tau_t + u_{it} \\ \varepsilon_{it} \sim N(0, \sigma_\varepsilon^2 I_N) \tag{5.6}$$

其中，ρ 为空间滞后系数，W 为空间权重矩阵，α_i 为地区固定效应，τ_t 为时间固定效应，u_{it} 为误差项①。局域溢出效应是指某个区域解释变量

---

① 部分学者指出空间权重矩阵的设置具有随意性，LeSage（2014）明确了设置空间权重矩阵的基本原则，如严格保证空间权重矩阵的外生性，尽量保持空间权重矩阵简单化，优先选择稀疏的空间矩阵结构，避免空间使用复合矩阵，等等。基于以上设置原则，本章在后续的分析中主要采用基于邻接关系的空间权重矩阵。

变动对其一阶邻接区域因变量的影响，与之对应的是空间杜宾误差模型（SDEM）：

$$y_{it} = X_{it}\beta + WX_{it}\gamma + \alpha_i + \tau_t + u_{it}$$
$$u_{it} = \lambda W u_{it} + \varepsilon_{it} \quad (5.7)$$
$$\varepsilon_{it} \sim N(0, \sigma_\varepsilon^2 I_N)$$

其中，λ 为空间滞后相关系数。值得注意的是，当 λ 趋于零时，代表局域溢出效应的模型蜕化为空间滞后解释变量模型（SLX）：

$$y_{it} = X_{it}\beta + WX_{it}\gamma + \alpha_i + \tau_t + u_{it}$$
$$\varepsilon_{it} \sim N(0, \sigma_\varepsilon^2 I_N) \quad (5.8)$$

针对空间计量模型估计参数解释，LeSage 和 Pace（2009）[373] 提出了"直接效应和溢出效应"理论，如表5.2所示。其中，直接效应代表某个解释变量变动对所在空间单元因变量的影响，溢出效应代表某个解释变量变动对邻近空间单元因变量的影响，总效应则等于直接效应和溢出效应之和。

表5.2 空间模型直接效应与溢出效应

空间计量模型	直接效应	溢出效应
SEM	β_k	0
SLX/SDEM	β_k	γ_k
SAR	$(1-\rho W)^{-1}\beta_k$ 主对角线元素	$(1-\rho W)^{-1}\beta_k$ 非主对角线元素
SDM	$(1-\rho W)^{-1}(\beta_k + W\gamma_K)$ 主对角线元素	$(1-\rho W)^{-1}(\beta_k + W\gamma_K)$ 非主对角线元素

资料来源：LeSage 和 Pace（2009）。

5.3 实证分析

5.3.1 描述性统计分析

表 5.3 给出了主要变量的相关系数及描述性统计量。不难发现，风险投资与技术进步和技术效率的相关性均为正值，但只有与技术进步的相关系数在 1% 水平上显著，说明风险投资整体上可能是通过技术进步来提升全要素生产率的。不仅如此，外资和国有风险投资仅与技术进步存在显著正相关性，民营风险投资与技术进步和技术效率同时存在正相关性，这预示着不同背景的风险投资对全要素生产率的作用路径可能存在差异，为本章研究假设提供了初步经验证据。同时，由因变量的描述性统计结果可知，样本期间技术进步指数均值为 1.002，技术效率指数均值为 0.985，说明中国技术效率存在衰退现象，这与第 3 章中的分析结论是基本一致的。此外，上述变量之间的相关系数绝大多数在 0.5 以下，初步说明不存在严重的多重共线性问题。

表 5.3 主要变量的相关系数及描述性统计量

变量	Tech	Effch	VC	VCforeign	VCstate	VCprivate	R&D
VC	0.329***	0.067					
VCforgein	0.343***	0.026	0.922***				
VCstate	0.102**	0.048	0.538***	0.203***			
VCprivate	0.097*	0.192***	0.465***	0.231***	0.368***		
R&D	0.260***	0.112**	0.633***	0.534***	0.414***	0.404***	
Buytech	0.332***	0.148***	0.444***	0.463***	0.110**	0.186***	0.465***
均值	1.002	0.985	0.232	0.127	0.050	0.055	0.051
标准差	0.032	0.035	0.734	0.603	0.229	0.118	0.050
最小值	0.878	0.903	0	0	0	0	0.007

续表

变量	Tech	Effch	VC	VCforeign	VCstate	VCprivate	R&D
最大值	1.131	1.249	8.519	8.371	3.208	1.126	0.350
样本数	390	390	390	390	390	390	390

注："***""**"和"*"分别表示在1%、5%和10%的水平上显著；限于篇幅，表中仅报告了部分控制变量的相关系数及描述性统计结果。

5.3.2 空间相关性检验

为了检验空间相关性，本章计算了2003—2015年中国省际技术进步和技术效率全局Moran's I指数值，如表5.4所示。不难发现，中国省际技术进步和技术效率的空间相关性具备典型的波动特征。对于技术进步而言，2003—2012年间Moran's I指数为正且在10%水平上显著，整体呈现出集聚态势，逐渐转向空间负相关，但其Moran's I指数并不显著。相比之下，技术效率的空间相关性波动性更为明显，Moran's I指数有正值，也有负值，但仅在2003年、2008年和2010年具有统计意义上的显著性。需要说明的是，无论是技术进步还是技术效率，它们在整个样本期间（2003—2015年）均呈现出显著正相关性。此时，传统的固定效应模型已经无法满足需要，必须将空间相关性纳入研究范围，考虑构建空间计量模型。

表5.4 空间相关性检验结果

年份	Tech Moran's I	Tech Z	Tech p-value	年份	Effch Moran's I	Effch Z	Effch p-value
2003	0.314	3.144	0.001	2003	0.014	0.437	0.001
2004	0.200	2.064	0.020	2004	0.111	1.294	0.098
2005	0.210	2.594	0.005	2005	−0.017	0.155	0.438
2006	0.210	2.436	0.007	2006	0.029	0.570	0.284
2007	0.235	2.782	0.003	2007	0.078	1.043	0.149

续表

年份	Tech			年份	Effch		
	Moran's I	Z	p-value		Moran's I	Z	p-value
2008	0.213	2.444	0.007	2008	0.145	1.629	0.052
2009	0.166	1.960	0.025	2009	0.064	0.909	0.182
2010	0.147	1.732	0.042	2010	−0.086	−0.480	0.042
2011	0.111	1.408	0.080	2011	0.021	0.517	0.303
2012	0.167	1.879	0.030	2012	0.015	0.448	0.327
2013	0.055	0.819	0.206	2013	−0.063	−0.263	0.396
2014	−0.038	−0.033	0.487	2014	0.101	1.243	0.107
2015	−0.046	−0.105	0.458	2015	−0.065	−0.289	0.386
2003—2015	0.266	7.377	0.000	2003—2015	0.133	3.769	0.000

注：空间权重矩阵设置为空间邻接稀疏矩阵。

5.3.3 模型设定检验

如前文所述，LM、Roubst LM、Wald 以及 J 检验仅适用于 SEM、SAR 和 SDM 模型之间的设定，无法判断空间溢出效应的具体形式。针对已有研究的不足，LeSage（2015）[31] 提出了判定空间溢出形式的贝叶斯方法，可解决面板数据 SLX、SDM 和 SDEM 模型的设定问题，结果如表 5.5 所示。

表 5.5 贝叶斯空间计量模型设定结果

因变量	SLX		SDM		SDEM	
	统计量	概率值	统计量	概率值	统计量	概率值
Tech	610.8	0.1370	612.15	0.5267	611.71	0.3363
Effch	496.90	0.3981	496.61	0.2990	496.63	0.3029

注：空间权重矩阵设置为空间邻接稀疏矩阵。

对于技术进步而言，SDM 模型的统计量值和概率值均大于 SDEM 和 SLX 模型，说明其空间溢出形式为全局溢出，因此需要执行传统空间计量模型设定检验，在 SDM、SAR 以及 SEM 模型之间做出选择。如表 5.6 所示，LM、Roubust LM 和 Wald 检验结果均表明，空间滞后项（Spatial-lag）和空间误差项（Spatial-error）的统计量均在 10% 水平上显著，拒绝了 SAR 和 SEM 模型。对于技术效率而言，SLX 模型的统计量值和概率值均大于 SDM 和 SDEM 模型，说明其空间溢出形式为局域溢出，SLX 模型更加适合其研究。

表 5.6　传统空间计量模型设定结果

因变量	模型	统计量	LM Test	Robust LM Test	Wald Test
Tech	SAR	Spatial-lag	111.02***	27.13***	11.24*
			(0.000)	(0.000)	(0.082)
	SDM	Spatial-error	91.91***	8.03***	11.19*
	SEM		(0.000)	(0.005)	(0.090)

注："***""**""*"分别表示在 1%、5% 和 10% 的水平上显著；括号内为 p 值。

5.3.4　回归结果分析

为了避免发生伪回归问题，采用 LLC、Breintung、IPS、ADF-fisher 和 ADF-pp 方法进行单位根检验，检验结果拒绝了变量存在单位根的假设，Breintung 检验也接受了多数变量平稳假设，因此直接对变量进行回归[①]。

1. 风险投资与技术进步

首先，关注风险投资对技术进步的影响，并使用传统 OLS 回归结果作为参考，结果如表 5.7 所示。LR 检验结果表明空间固定效应（Spatial-fixed）和时间固定效应（Time-fixed）均在 1% 的水平上显

---

① 限于篇幅，正文中未列出变量单位根检验结果，请参考附录B。

著，所以选择双向固定效应回归模型；Modified-Wald 检验结果表明面板数据存在异方差问题，因此给出异方差-稳健 t 统计量；空间滞后系数（Spatial rho）为正值且在 1% 的水平上显著，说明中国省际技术进步存在空间溢出效应；此外，方差膨胀因子（VIF）检验结果表明，模型（1）~（6）中变量的 VIF 值均在 [1.33，7.78] 区间内，说明模型不存在多重共线性问题。

表 5.7 风险投资对技术进步影响的估计结果

变量	Tech					
	OLS	SDM	SDM	SDM	SDM	SDM
	（1）	（2）	（3）	（4）	（5）	（6）
（1）直接效应						
VC	0.0082***	0.0075***				
	（3.53）	（3.16）				
VCforeign			0.0078***			0.0085***
			（2.99）			（3.37）
VCstate				0.0118*		0.0126**
				（1.92）		（2.11）
VCprivate					0.0036	0.0023
					（0.27）	（0.18）
（2）溢出效应						
VC	0.0073					
	（1.29）					
VCforeign			0.0005			0.0010
			（0.10）			（0.18）
VCstate				0.0765***		0.0794***
				（3.45）		（3.62）
VCprivate					0.0604	0.0519
					（1.57）	（1.37）

续表

变量	Tech					
	OLS	SDM	SDM	SDM	SDM	SDM
	（1）	（2）	（3）	（4）	（5）	（6）
（3）总效应						
VC	0.0148**					
	（2.29）					
VCforeign		0.0083				0.0096
		（1.24）				（1.48）
VCstate			0.0883***			0.0920***
			（3.58）			（3.78）
VCprivate				0.0640		0.0543
				（1.46）		（1.25）
Controls	控制	控制	控制	控制	控制	控制
Spatial rho		0.1774***	0.1976***	0.1709***	0.2024***	0.1718***
		（2.74）	（3.08）	（2.64）	（3.17）	（2.65）
Observations	390	390	390	390	390	390
R-squared	0.4557	0.6235	0.6215	0.6240	0.6143	0.6393
Spatial-fixed		71.33***	66.33***	78.30***	77.77***	69.58***
Time-fixed		47.42***	43.97***	47.15***	44.71***	51.23***
Modified-Wald	937.07***	937.07***	896.20***	886.41***	870.92***	911.72***
VIF	[2.00,7.71]	[2.00,7.71]	[1.68,7.66]	[1.33,7.67]	[1.37,7.58]	[1.38,7.78]

注："***""**""*"分别表示在1%、5%和10%的水平上显著；括号内为各估计系数异方差-稳健 t 统计量；限于篇幅，表中不再报告控制变量（Controls）的估计系数。

在不考虑风险投资背景因素的前提下，从表5.7中（1）列可以看出，传统OLS估计结果表明，风险投资估计系数为正值，且在1%水平上显著，说明风险投资有助于推动技术进步。然而，考虑到空间相关性问题，本章主要以空间杜宾模型（SDM）估计结果作为参考。如表5.7中（2）列结果所示：第一，风险投资的直接效应系数为正值且在1%的水平上显著，表明风险投资有助于提升所在地区的技术进步水平；第二，风险投资的溢出效应为正值但是并不具有统计意义上的显著性，表明风险投资对邻近地区的技术进步水平没有明显影响，可能的原因在于风险投资是一种关系型投资，投资者的行为空间依赖个人有限的社会网络范围，倾向于在临近的地理位置上从事相关投资和管理活动，这很容易造成投资者对本地企业项目的偏好，所以仅对所在地区的技术进步存在积极的影响（Hellmann 和 Puri，2002）[152]；第三，风险投资的总效应系数为正值且在5%的水平上显著，说明风险投资总体上有助于提升技术进步水平。结合第4章研究结论可知，风险投资可以通过推动地区技术进步来提升国家全要素生产率水平。

当把风险投资背景因素纳入研究范围之后，本章又有了一些全新的发现。第一，如表中（3）列结果所示，外资风险投资的直接效应、溢出效应和总效应系数均为正值，但仅有直接效应系数在1%的水平上显著，说明外资风险投资有助于提升所在地区的技术进步水平，假设H_1成立。第二，如表中（4）列结果所示，国有风险投资的直接效应、溢出效应和总效应系数均为正值且均显著，说明国有风险投资不但能够推动所在地区技术进步，还存在正向全局溢出效应，对一阶及其以上邻近地区的技术进步水平也有积极影响。结合第4章分析可知，国有风险投资在扶持企业发明和创新活动阶段是低效甚至无效率的，由此可以推测它对技术进步的积极影响有可能来自技术转移扩散阶段，后续将进一步给出验证性分析。第三，如表中（5）列结果所示，民营风险投资的直接效应、溢出效应和总效应系数为正值但均不显著，说明民营风险投资对区域技术进步没有任何形式的影响，假设H_3成立。结合第4章研究结论可知，外资风险投资能够通过推动所在地区的技术进步来提升全要素生产率，而民营风险投资可能是通过其他路径来提升全要素生产率的。国有风险投资虽然有助于推动技术进步且存在空间溢出效应，但对全要素生产率并没有显著影响，其内在原因有待进一步分析。

值得注意的是，外资和国有风险投资在推动技术进步过程中还存在显著的效率差异。如表中（6）列结果所示，外资风险投资直接效应系数（0.0085）小于国有风险投资直接效应系数（0.0126），但二者之间的差异并不显著，说明外资和国有风险投资在推动所在地区技术进步过程中并不存在效率差异。然而，当把风险投资的外部性纳入研究范围之后，可以得到截然不同的结论，国有风险投资总效应系数（0.0920）显著大于外资风险投资总效应系数（0.0096），二者之间的效率差异主要体现在空间溢出效应层面[①]。究其原因，我们认为，与外资风险投资相比，政府参与的风险投资具有一般产品属性，它们发挥着基础性、示范性和信息揭示的作用，尤其是国家新兴产业创业投资引导基金、国家中小企业发展基金以及国家级创业投资引导基金等，它们可以在全国范围内引导和撬动社会资本，使其更多地流向符合国家战略的新兴产业和前沿科技领域，更好地扶持前沿性基础性研究活动（侯建仁等，2008）[374]。另外，政府参与的风险投资并不以商业利润作为主要目标，通常追求社会价值最大化，肩负着推动地方技术进步和高新技术产业化的使命，在推动科技成果转化和技术扩散过程中更有动力（Pierrakis 和 Saridakis，2017）[290]。例如，中央财政设立国家科技成果转化引导基金，有助于引导社会力量和地方政府加大科技成果转化投入，加速推动科技成果转化与应用。

2. 风险投资与技术效率

在上述研究的基础之上，我们进一步考察风险投资对技术效率的影响，结果如表 5.8 所示。其中：LR 检验结果表明，空间固定效应（Spatial-fixed）和时间固定效应（Time-fixed）均在 1% 的水平上显著，因此选择双向固定效应回归模型；Modified-Wald 检验结果表明，面板

---

① Wald 统计量值为 13.32，在 1% 的水平上拒绝了总效应系数相等的假设。

数据存在异方差问题，因此给出异方差-稳健 t 统计量；此外，方差膨胀因子（VIF）检验结果表明，模型（1）~（6）中变量的 VIF 值均在 [1.33，7.79] 区间内，说明模型不存在多重共线性问题。

表5.8 风险投资对技术效率影响的估计结果

变量	Effch					
	OLS	SLX	SLX	SLX	SLX	SLX
	（1）	（2）	（3）	（4）	（5）	（6）
（1）直接效应						
VC	−0.0024	−0.0019				
	（−0.72）	（−0.58）				
VCforeign			−0.0015			−0.0029
			（−0.40）			（−0.78）
VCstate				−0.0155*		−0.0162*
				（−1.81）		（−1.87）
VCprivate					0.0316*	0.0299*
					（1.73）	（1.74）
（2）溢出效应						
VC		−0.0056				
		（−0.81）				
VCforeign			0.0005			−0.0001
			（0.07）			（−0.02）
VCstate				−0.0881***		−0.0855***
				（−3.25）		（−3.12）
VCprivate					−0.0205	−0.0143
					（−0.45）	（−0.31）
（3）总效应						
VC		−0.0076				
		（−1.00）				

续表

	Effch					
变量	OLS	SLX	SLX	SLX	SLX	SLX
	（1）	（2）	（3）	（4）	（5）	（6）
VCforeign		−0.0010				−0.0030
		（−0.12）				（−0.39）
VCstate				−0.1036***		−0.1017***
				（−3.56）		（−3.47）
VCprivate					0.0111	0.0156
					（0.22）	（0.30）
Controls	控制	控制	控制	控制	控制	控制
Observations	390	390	390	390	390	390
R-squared	0.1771	0.2048	0.2027	0.2324	0.2104	0.2402
Spatial-fixed		79.50***	77.80***	84.39***	74.22***	77.82***
Time-fixed		49.51***	50.02***	50.49***	50.90***	50.01***
Modified-Wald	1090.51***	1090.51***	1079.33***	1112.46***	1150.31***	1180.50***
VIF	[2.00,7.71]	[2.00,7.71]	[1.68,7.67]	[1.33,7.69]	[1.37,7.59]	[1.38,7.79]

注："***""**""*"分别表示在1%、5%和10%的水平上显著；括号内为各估计系数异方差-稳健 t 统计量；限于篇幅，表中不再报告控制变量（Controls）的估计系数。

如表5.8中（1）列结果所示，在不考虑风险投资背景因素的情况下，传统OLS估计结果表明，风险投资估计系数为负值但不显著，表明风险投资无法有效改善区域技术效率。然而，考虑到面板数据存在的空间相关性问题，本章主要以空间滞后模型（SLX）估计结果作为参考。如表5.8中（2）列结果所示：第一，风险投资的直接效应系数为负值但并不显著，表明风险投资对所在地区的技术效率没有明显影响；第二，风险投资的溢出效应系数为负值但并不显著，表明风险投资对一阶及其以上邻近地区的技术效率也没有明显影响；第三，风险投资的总效应系数为负值但并不显著，这意味着风险投资总体上对技术效率没有明显影响。结合表 5.7 的结果分析可知，虽然风险投资有助于推动所在地区的技术进步，但并不会对技术效率产生任何形式的影响，可见它主要依赖推动技术进步来提高全要素生产率水平。

当把风险投资背景纳入研究范围后，本章又有了一些新发现。第一，如表中（3）列结果所示，外资风险投资的直接效应、溢出效应和总效应系数均不显著，说明外资风险投资无法有效改善技术效率，印证了假设 H_2。第二，如表中（4）列结果所示，国有风险投资的直接效应、溢出效应和总效应系数均为负值且均显著，说明国有风险投资抑制了技术效率的改善。可能的原因在于国有风险投资尚未完全实现市场化运作，僵化的管理体制和过多的行政干预会引发效率损失。如姚婷（2017）[375]的分析表明：国有风险投资项目决策大多需要经过行政审批，信息传递冗余会降低投资决策效率，甚至可能引发资金错配问题；同时，政府委派的管理者从业经验不足，对企业缺乏有效监督和激励，通常无法提高企业治理水平，甚至还可能产生"寻租行为"，引发企业效率损失。第三，如表中（5）列结果所示，民营风险投资的直接效应系数为正值且在 10% 的水平上显著，其溢出效应系数为负值但是并不显著，说明民营风险投资能够显著改善所在地区的技术效率，假设 H_4 成立。结合表 5.7 的结果分析可知：虽然民营风险投资对技术进步没有显著影响，但能够改善所在地区的技术效率，这说明它主要是依赖技术效率改善来提升全要素生产率的；相比之下，外资风险投资能够推动技术进步，但对技术效率没有显著影响，它主要依赖推动技术进步来提升全要素生产率水平，印证了"路径依赖"假设。需要特别注意的是，尽管国有风险投资有助于推动技术进步，但其同时抑制了技术效率的改善，所以总体上对全要素生产率没有显著影响。

5.3.5 稳健性检验

对于模型中可能存在的内生性问题，借鉴 Blundell 和 Bond（1998）[376]、

Yu 等（2012）[377]的研究，分别采用动态面板 GMM 和 QML 进行重新估计，以此检验回归结果的稳健性。如表 5.9 所示，AR（1）检验统计量在 1% 水平上显著，AR（2）检验统计量并不显著，说明模型设定是合理的，Hansen 检验统计量不显著，说明工具变量选择是有效的。不难发现，在进一步控制了模型的内生性问题之后，绝大部分估计系数及其显著性并未发生明显变化，说明模型的回归结果是整体稳健的。需要说明的是，（3）列中：外资风险投资的直接效应系数（0.0109）小于国有风险投资的直接效应系数（0.0140），但是二者之间的差异并不具有统计意义上的显著性；国有风险投资的总效应系数（0.0903）显著大于外资风险投资的总效应系数（0.0132），二者之间的差异依旧主要体现在空间溢出效应层面。此外，（5）列中，风险投资的溢出效应系数由不显著变为在 10% 水平上显著，说明风险投资对邻近地区技术效率水平存在负面影响。

表 5.9　稳健性检验结果

变量	Tech GMM（1）	Tech DSDM（2）	Tech DSDM（3）	Effch GMM（4）	Effch DSLX（5）	Effch DSLX（6）
（1）直接效应						
VC	0.0162*** (7.27)	0.0097*** (4.14)		−0.0027 (−0.88)	−0.0025 (−0.95)	
VCforeign			0.0109*** (4.22)			−0.0035 (−1.51)
VCstate			0.0140** (2.26)			−0.0265 (−1.48)
VCprivate			0.0073 (0.57)			0.0506** (2.51)

续表

变量	Tech			Effch		
	GMM	DSDM	DSDM	GMM	DSLX	DSLX
	（1）	（2）	（3）	（4）	（5）	（6）
（2）溢出效应						
VC		0.0074			−0.0131*	
		（1.48）			（−2.01）	
VCforeign			0.0023			−0.0052
			（0.42）			（−0.90）
VCstate			0.0764***			−0.0794*
			（3.69）			（−1.96）
VCprivate			0.0482			−0.0442
			（1.39）			（−0.94）
（3）总效应						
VC		0.0170***			−0.0156	
		（3.13）			（−1.43）	
VCforeign			0.0132**			−0.0086
			（2.29）			（−1.57）
VCstate			0.0903***			−0.1058**
			（4.05）			（−2.16）
VCprivate			0.0555			0.0064
			（1.39）			（0.12）
Controls	控制	控制	控制	控制	控制	控制
Observations	270	360	360	360	360	360
Hansen	8.53			8.85		
AR（1）	−3.11***			−3.14***		
AR（2）	1.11			0.05		

注："***""**""*"分别表示在1%、5%和10%的水平上显著；括号内为估计系数异方差-稳健t统计量；限于篇幅，表中不再报告控制变量（Controls）的估计系数。

5.3.6 进一步讨论

上述研究初步揭示了风险投资对技术进步和技术效率的影响,但并未对其内在理论机制进行验证分析。按照第 4 章的研究思路,原则上我们可以进一步采集数据指标,从经验层面分析"风险投资—技术创新—技术进步"和"风险投资—非技术创新—技术效率"是否成立。然而,实践中创新活动是难以测量的,尤其是非技术创新测量发展相对滞后。结合《奥斯陆手册:创新数据采集和解释指南(第 3 版)》以及甄峰(2014)[378]、徐侠和孙颖(2016)[117]等的综述可知,欧盟统计局于 1993 年开始组织实施了《欧盟创新调查(CIS)》,最初统计调查是以企业产品和工艺创新为重点,直到 2008 年才开始关注企业组织和营销创新问题。参考欧盟企业创新调查工作经验,中国国家统计局在 2007 年、2014 年和 2017 年组织实施了全国企业创新调查工作,统计分析了规模(限额)以上工业企业创新情况。遗憾的是,《全国企业创新调查年鉴 2017》仅披露了实施组织创新和营销创新的企业的数量,并没有反映企业组织创新和营销创新的具体情况,而且数据时间跨度相对较小,暂时无法满足本研究所需的指标数据要求[1]。鉴于数据可得性,后续分析将主要围绕"风险投资—技术创新—技术进步"展开,并重点关注国有风险投资有效性问题。

理论上,政府资金有利于解决市场配置失灵和创新创业融资困境,然而结合第 4 章的分析可知,现有多数研究表明政府参与的风险投资在扶持企业创新活动上是低效甚至无效的。与以往企业层面研究结论不同,本研究发现国有风险投资能够有效推动地区技术进步,并推测它对技术进步的影响可能来自技术扩散阶段,我们将对此问题进行验证性分析。按照熊彼特提出的技术进步分段理论,技术进步可以划分为三个阶

---

[1] 《全国企业创新调查年鉴2017》的统计范围为2016年;《全国企业创新调查统计资料2014》的统计范围为2013—2014年;《全国工业企业创新调查统计资料2007》的统计范围为2004—2006年,且未统计企业组织和营销创新的信息。

段：技术发明、技术创新和技术扩散。借鉴 Acs 等（2002）[379]、张彩江等（2017）[380] 的研究，技术发明采用各地区企业发明专利密度来衡量，技术创新从产品创新的角度来测度，采用各地区企业新产品销售收入占 GDP 比例作为其代理变量，技术扩散采用各地区技术市场成交额占 GDP 比例来衡量。基于递归模型的路径分析结果，绘制图 5.2。

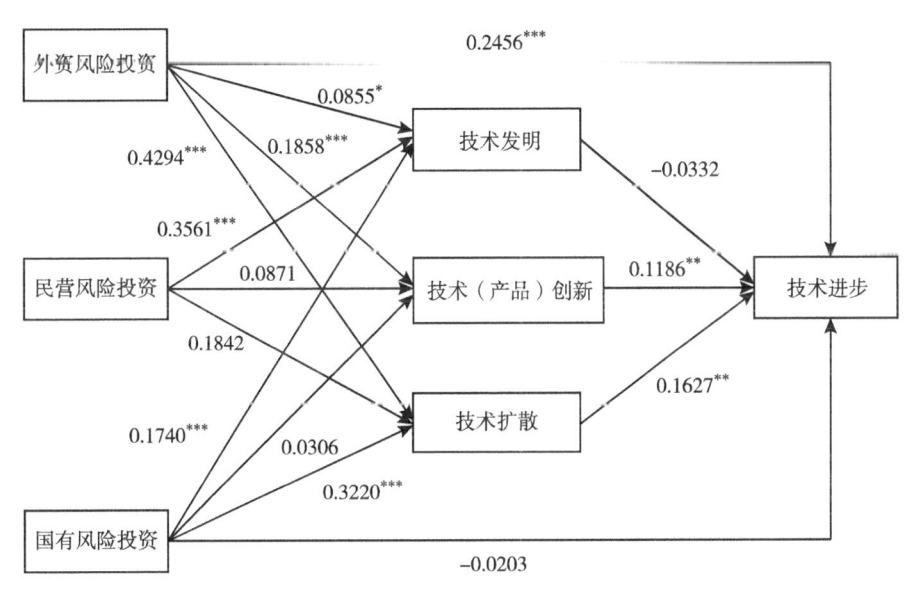

图 5.2 风险投资与技术进步：技术创新中介作用

如图 5.2 所示，国有风险投资有助于推动技术扩散，而技术扩散又会推动技术进步，验证了前文的推测。值得注意的是，我们发现国有风险投资能够增加技术发明，这与以往多数经验研究结论是截然相反的。针对上述问题，李汉涯等（2017）[381]、许昊等（2017）[322] 给出了合理解释，他们的分析表明风险投资对创新质量还存在"甄别效应"。就国有风险投资而言，其参与仅仅有助于增加企业发明专利申请数量，对企业实用新型专利申请数量并没有显著影响，甚至还减少了企业外观设计专利申请数量。考虑到以往多数研究并未严格区分专利类型，这种正负作用可能相互抵消，风险投资对企业专利整体申请数量没有显著影响。结合第 4 章的分析，由于中国科技成果转化率相对较低，大量专利都处在"闲置"状态,所以发明总体上并没有带来地区技术进步,国有风险投资对技术进步的直接影响也不显著,可见国有风险投资主要是通过促进技术扩散来推动技术进步的。

5.4 本章小结

针对第二类问题,即风险投资究竟是通过何种路径来提升全要素生产率的,不同背景的风险投资对全要素生产率的作用路径是否存在依赖性,本章在熊彼特增长理论框架下,融合法瑞尔的技术效率理论,首先确立了风险投资影响全要素生产率的路径,并在此基础上提出路径依赖假设。然后,基于2003—2015年中国省级面板数据,采用贝叶斯法设定空间计量模型,从区域层面考察风险投资对全要素生产率的作用路径,并验证不同背景的风险投资在提升全要素生产率过程中是否存在路径依赖。研究发现:①风险投资整体上能够通过推动技术进步提升所在地区的全要素生产率水平,对技术效率没有显著影响;②不同背景的风险投资对全要素生产率的作用路径存在依赖性,外资风险投资主要通过推动技术进步来提升全要素生产率水平,民营风险投资主要通过改善技术效率来提升全要素生产率水平,尽管国有风险投资有助于推动技术进步,但它同时抑制了技术效率的改善,所以总体上对全要素生产率并没有显著影响;③国有风险投资在推动技术进步和技术效率过程中还存在全局溢出效应,有助于推动邻近地区的技术进步水平,但对邻近地区的技术效率存在负面影响。此外,进一步讨论结果表明,国有风险投资主要是通过促进技术扩散来推动技术进步的。

基于以上结论,可得如下启示:从理论层面来讲,外资和国有风险投资对全要素生产率的作用路径不同,这有助于解释其在提升全要素生产率过程中的效率差异。结合第3章分析可知,全要素生产率等于技术进步和技术效率的乘积,样本期间技术进步均值大于技术效率,技术效率的单位变动能够带来更高的全要素生产率增长率,所以民营风险投资更加有效。此外，国有风险投资也并不完全是低效的，它能够有效推动技术进步，而且存在全局空间溢出效应，所以未来在评价国有风险投资的经济绩效时，不能仅仅关注其对企业研发投入或者专利产出的影响，应该从多个层面加以综合考量。从政策层面来讲，中国全要素生产率增长模式存在区域差异，而不同背景的风险投资在提升全要素生产率过程中存在路径依赖，那么未来在供给侧结构调整战略指导下，还须注意优化风险投资区域配置，使风险资本类型与全要素生产率增长模式相耦合，提升风险投资整体经济绩效。例如，在技术效率相对落后的地区，应该鼓励民营风险投资的发展，而对于技术进步水平相对落后的中西部地区，则可以优先引入外资风险投资，从而更快更好地提升全要素生产率水平。

第6章

中国资本账户开放与风险投资：增量提效分析

本章旨在回答第三类问题：资本账户开放是否有助于提高中国全要素生产率？对中国风险投资活动"数量"和"效益"又有何种影响？第一，以金融自由化理论和国际直接投资理论为依托，梳理资本账户开放对东道主国家风险投资市场的潜在影响，并在此基础上提出增量提效假设。第二，基于2003—2015年中国省级面板数据，在考虑空间相关性的前提下设定计量模型，从区域层面考察资本账户开放对风险投资活动强度的影响。同时，从全要素生产率视角出发，构造资本账户开放与风险投资交互项，检验其对风险投资边际效益的潜在影响，并在此过程中揭示资本账户开放对全要素生产率的作用[1]。第三，解释回归结果，验证增量提效假设是否成立，提出研究结论和政策启示。

---

[1] 随着经济发展逐渐步入新常态，全要素生产率正在成为中国经济发展的新指标。结合第2章文献综述可知，国内外学者对资本账户开放与全要素生产率的关系已经有了清晰认识，并且取得了大量经验证据，只是这种关系还可能因经济活动单位或者发展阶段而异。考虑到现有文献较为丰富，本研究不再详细阐述理论机制，在相关研究的基础上，提出如下假设：资本账户开放有助于提升中国全要素生产率水平。

6.1 理论分析与研究假设

由第 2 章的文献综述可知，资本账户开放对东道主国家的资本形成存在多重影响，其中最为直接的影响便是国际资本流动。国内外学者已从外商直接投资进入角度初步证实了资本账户开放对于风险投资活动强度的影响，但是尚未揭示其对风险投资效率效益的影响。因此，本章从金融自由化理论视角出发，梳理资本账户开放对风险投资活动强度和效率效益的影响机制，然后结合经验层面的证据，提出相关研究假设。

6.1.1 理论机制分析

金融自由化理论认为，资本账户开放能够加速国际资本流动，并由此衍生出风险分散、竞争示范以及技术溢出等外部效应，同时还伴随着资本外逃、宏观经济波动以及系统性金融风险（陈元和钱颖一，2014）[382]。如果单纯从国际资本流动的动机来看，跨国风险投资与外商直接投资基本一致，都是为了寻求更好的投资机会和更高的投资回报率（Graham 和 Tu，2003）[383]。随着全球经济一体化进程加快，越来越多的机构投资者开始在全球范围内寻求资本的有效利用，所以政府放松对资本项目的管制必然会引起资本的流出和流入[1]。然而，如果结合资本运营管理方式来看，风险投资在跨国流动过程中又具备一些独特属性。譬如，外商直接投资主体是生产型企业组织，所涉及的不仅仅是一种国际资本流动，同时还伴随着如产品设备或半成品等有形资产，以及专利技术和管理经验等无形资产的国际转移。相比之下，跨国风险投资主体是从事金融服务的中介机构，它们发挥着风险分散、信息揭示以及资源配置等基础功能，多以董事会席位方式参与企业管理，但是并不直

---

[1] 国际金融协会（IIF）统计数据表明，2017年新兴市场资本流入为9700亿美元，较2016年增长35.09%。其中，外商直接投资由2016年的4830亿美元上升至5200亿美元。

接参与企业日常生产经营活动，仅控制资金、信息以及管理经验等无形资产的国际转移。而且，为了缓解地理、文化以及制度距离等引起的信息摩擦问题，跨国风险投资机构一般倾向于与本土风险投资机构组成联合投资，它们对东道主国家投资市场的影响也并非局限在要素市场和产品市场层面①（刘华和戴志敏，2002）[384]。由此可见，风险投资跨国流动既包含着直接投资跨国流动的一般特征，又具有自身的一些独特属性，所以有必要对其重新进行梳理分析。

资本账户开放能加速国际资本流动，外商直接投资的流入或流出不仅会带来国家投资规模变动，还可能通过挤入或挤出效应引起投资市场结构变化。考虑到风险投资是直接投资的一种特殊形式，后续分析也将按照上述理论逻辑进行，具体表现在以下几个方面。第一，资本流入。按照新古典增长理论，在资本边际报酬递减规律的作用下，资本通常会从"富国"流向"穷国"，新兴市场国家在崛起过程中存在着大量投资机会，开放资本账户通常会引起外资风险投资流入（Ning等，2015；葛奇，2017）[159, 385]。第二，挤入效应。外资风险投资不仅可以通过联合投资方式直接挤入本土风险投资，还可以借助其在行业内的声誉，通过"信号发送"引发本土风险投资机构在企业后续融资轮次过程中的跟投行为。与此同时，外资风险投资进入还提高了创业企业存活率，加快了科技成果产业化，这反过来又会激发本土创新创业活力，吸引更多国内外资本投资于科技产业，最终带来国内风险投资强度增加（尹国俊，2013；张曦如等，2017）[386, 387]。第三，挤出效应。外资与本土风险投资机构之间存在着竞争关系，对于多数新兴市场国家而言，它们的风险投资行业发展起步较晚，本土风险投资机构实力相对薄弱，外资风险投资涌入将会打破原有市场结构并产生"攫取效应"，挤占投资机会并

---

① 联合国贸易和发展会议（UNCTAD）指出，外商直接投资对本土投资的挤入和挤出效应通过以下途径发生：①要素市场，通过影响当地企业可以获得的资金、劳动以及其他生产要素，或者是影响当地企业获得这些要素的成本来挤入或者挤出当地企业投资；②产品市场，即通过对当地企业的产品和服务、学习过程以及成长历程来挤入或挤出当地投资额。

压缩本土风险投资机构的市场份额。而且，政府给予外资风险投资机构的倾斜性优惠政策和超国民待遇也会进一步加剧挤出效应（尹国俊等，2015）[388]。第四，资本流出。在资本账户开放的背景下，如果一国经济发展长期处在疲软状态，或者缺少有效资本退出渠道，本土风险投资机构对内投资意愿将会降低，并到海外寻求投资机会，此时东道主国家也会面临资本流出压力。不仅如此，资本账户开放还可能会引起外资的撤离，尤其是在紧缩性货币政策环境下[①]。

资本账户开放过程不仅能促进资本流动，还伴随着技术信息、管理经验以及人力资本等无形资产转移，连同外资进入的竞争示范等外溢效应，会对东道主国家投资效率效益产生影响。具体到风险投资，涉及四种效应。

第一，竞争效应。外资风险投资进入必然会进一步加剧市场竞争，倒逼本土风险投资机构采取积极投资策略和稳健治理结构，低效率的风险投资机构也将会被市场淘汰，风险投资活动效益会有所改善（杨振和陈甬军，2014）[389]。

第二，示范效应。外资风险投资机构熟悉世界前沿科技发展趋势，它们的项目筛选方式和投资产业布局，会引起本土风险投资模仿学习，有助于提升本土风险投资配置效率（伍利群，2014）[390]。

第三，协同效应。外资和本土风险投资的联合投资行为，使得它们能够共享技术信息、经验知识和社会关系资源，并在企业治理过程中实现风险分担和优势互补，有助于提升双方的投资绩效水平（许昊等，2015）[391]。与此同时，联合投资行为还为本土风险投资机构提供了学习管理经验的机会窗口，这有助于提升它们后续投资的绩效水平。

第四，人才效应。外资风险投资机构在实施本土化战略过程中，招募并培养了一批专业投资管理人才，这些人才会逐渐流动到本土风险投

---

① 如张锐（2011）指出，外资涌入会给新兴市场国家带来通货膨胀压力，为了消除资本大规模流入的不利冲击，政府通常会采取紧缩性货币政策并对国际资本获利空间形成挤压，这会造成资本从新兴市场国家流出。

资机构，有助于提升本土风险投资活动绩效（曾一军，2007）[392]。

需要注意的是，外资风险投资究竟能否发挥积极作用还取决于它们的传导与示范能力、本土风险投资的学习模仿能力以及东道主国家制度环境等外部因素。而且，在联合投资的过程中还存在着"搭便车"现象，这极易助长本土风险投资的慵懒行为，长此以往会形成对外资机构的过度依赖，最终导致"摘樱桃效应"，甚至造成外资垄断并损害市场效率（Humphery 和 Suchard，2013；张金清和吴有红，2010）[393, 394]。

通过对现有文献的梳理可以看出，资本账户开放对风险投资活动的影响错综复杂。它能够通过外资流入或者挤入效应增强或减弱风险投资活动强度，同时引起风险投资市场结构的变化。与此同时，外资进入还会对风险投资的效率效益造成影响，它既能通过竞争示范效应提升本土风险投资活动效益，也可能带来"摘樱桃效应"或者以垄断势力带来市场效率损失。为了清晰展示上述作用机理，绘制图6.1。

6.1.2 增量提效假设

无论是从"数量"还是从"效益"角度来看，资本账户开放对风险投资活动的影响都存在一定不确定性，所以如果仅仅停留在理论分析层面，将难以判断资本账户开放是否会对风险投资的"数量"和"效益"产生影响，以及究竟是正面影响还是负面影响。基于此，本章从金融自由化理论视角出发，结合现有经验层面的相关证据，深入分析资本账户开放对风险投资"数量"和"效益"的实际影响及其作用方向，并在此基础上提出增量提效假设。

1. 资本账户开放与风险投资"数量"

结合前文分析可知，资本账户开放理论上有助于资本累积，但同时也伴随着资本外逃的风险。从经验研究来看，Alhorr等（2010）[395]考察了经济一体化对跨国风险投资活动的影响，其估计结果表明市场一体化能够加速风险投资在欧盟成员国之间的流动，促进风险投资从资本充

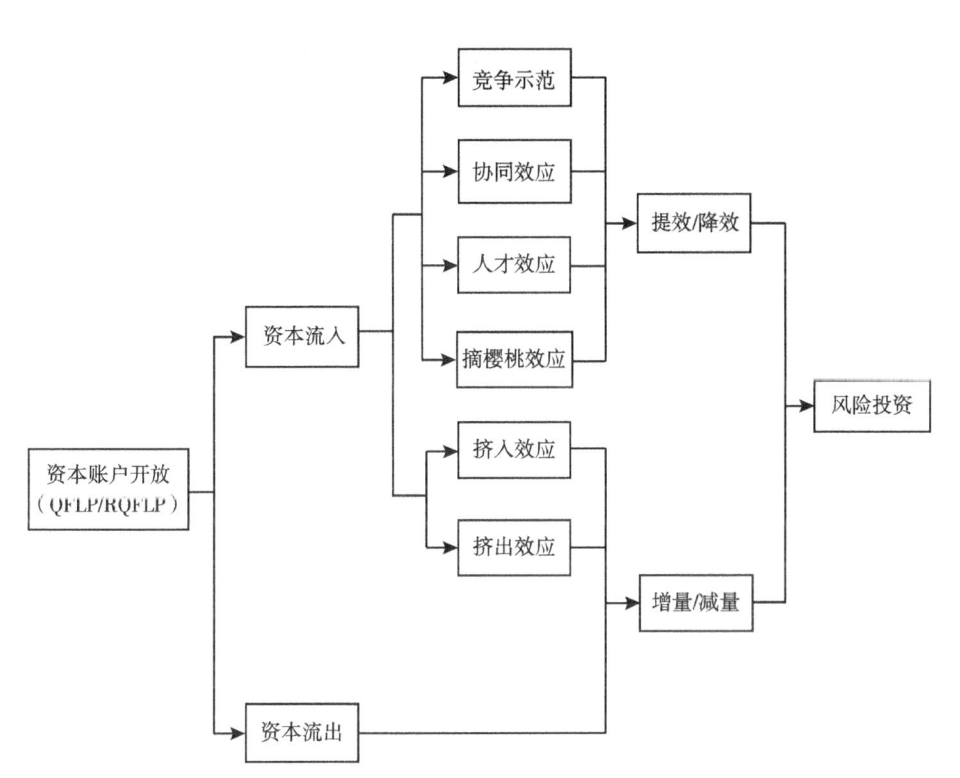

资料来源：曾一军（2007）、Humphery 和 Suchard（2013）、尹国俊等（2015）。

图 6.1　资本账户开放对风险投资活动的影响机理

裕国家流出，进入资本相对稀缺的成员国家，同时减少风险投资向非成员国家的流入。Hernán 等（2014）[26]将风险投资视为直接投资的一种形式，他们从国际直接投资视角间接证实了资本账户开放对新兴市场国家风险投资活动的影响，研究发现外商直接投资进入有助于增加新兴市场国家的风险投资强度，但它们的关系受到东道主国家政治风险、产权保护制度环境等因素调节。国内学者尹国俊等（2015）[388]的研究表明，外资风险投资进入能够激发中国本土创新创业活动，并带来风险资本需求增加，但这种由需求衍生出来的挤入效应正在逐年减弱。而且，外资进入对本土风险投资的挤入效应还可能因其类型而异。黄英龙等（2016）[396]的分析表明，由于政府偏向性政策优惠和金融市场不完全性，在华外资机构通常倾向于与国有企业合作，以俘获它们背后的政治关系和投资项目资源，所以外资进入对国有资本的挤入作用要明显大于私人资本。Cozzarin 和 Cumming（2016）[397]的实证分析表明，政府参与的风险投资对外资风险投资也存在挤入效应，同时还挤出了私人风险投资。值得注意的是，虽然学术界尚未发现中国风险资本外流的直接经验证据，但是纽约荣鼎咨询（Rhodium Group）的一项报告表明，中国风险投资机构自2000年以来已经参与了美国创业企业的1300多轮融资，累计投资总额高达110亿美元。基于以上分析，本研究认为资本账户开放有助于增加风险投资活动强度，并提出如下假设。

H_1：资本账户开放有助于增加外资风险投资的活动强度。

H_2：资本账户开放有助于增加国有风险投资的活动强度。

H_3：资本账户开放有助于增加民营风险投资的活动强度。

2. 资本账户开放与风险投资"效益"

尽管现有研究尚未考察资本账户开放对风险投资效率效益的影响，但我们依旧可以从相关经验研究中寻找一些线索依托。如 Wang 等（2012）[398]的实证分析表明，无论是通过首次公开发行还是通过企业并购的方式，外资风险投资机构成功退出企业的概率与东道主国家经济自由化程度显著正相关，这反映出经济自由化程度的增加有助于提升外资风险投资机构的投资活动绩效①。也有些学者从外资风险投资市场准入角度分析了资本账户开放对本土风险投资活动效益的潜在影响。Khurshed 等（2017）[399]的研究表明，资本账户开放为国内外风险投资机构组成联合投资提供了便利通道，在"干中学效应"机制作用下，本土风险投资机构不仅在投资和管理能力上有了成长进步，而且其投资策略也发生了变化，它们开始逐渐转向"高风险—高收益"的企业项目，并带

---

① 经济自由化（Economic Freedom）是一个较为宽泛的概念，其核心要求也是政府放松管制，充分发挥市场机制的作用。传统基金会（The Heritage Foundation）和《华尔街日报》（*The Wall Street Journal*）联合发布的《经济自由化指数报告》，涵盖了投资自由化、货币自由化、贸易自由化以及生产要素流动自由化等多个维度。

来了自身投资绩效改善。陆瑶等（2017）[400]的估计结果表明，在有风险投资机构参与的中国上市公司中，被多家风险投资机构联合投资的公司比被单独投资的公司表现出更强的创新活力；陈思等（2017）[286]的研究进一步表明，外资风险投资机构和本土风险投资机构组成的联合投资对被投资企业创新活动的促进作用更强，说明外资与本土风险投资机构之间存在协同效应，而且这种协同效应能够提升双方在激励企业创新过程中的绩效水平。伍利群（2014）[390]从宏观层面探讨了外资风险投资进入对中国风险投资行业发展的影响，研究发现：外资风险投资机构在中国谋求技术资源的过程中强化了市场竞争，在中国谋求社会网络资源时对中介服务体系产生了带动效应，虽然这些外部效应对中国风险投资业的影响正在逐年减弱，但仍表现为促进作用。基于以上分析，本研究认为资本账户开放不仅能够在微观层面提升风险投资机构的绩效水平，还能在宏观层面促进中国风险投资业成长，据此提出如下假设。

H_4：资本账户开放能够提高外资风险投资对全要素生产率的边际贡献

H_5：资本账户开放能够提高国有风险投资对全要素生产率的边际贡献。

H_6：资本账户开放能够提高民营风险投资对全要素生产率的边际贡献。

基于以上分析，可以推测如果假设 H_1、H_2 和 H_3 同时成立，那么资本账户开放必然会带来风险投资活动强度增加，也就是所谓的"增量"效应。值得注意的是，即便假设 H_4、H_5 和 H_6 同时成立，也不能说明资本账户开放有助于提升风险投资活动效益，因为资本账户开放同时还会对风险投资市场结构产生影响。结合第 4 章的研究结论可知，这种结构变动也会对风险投资边际效益产生影响。如果资本账户开放带来了大量低效或者无效的风险投资，必然会引起风险投资边际效益下降。由于缺乏直接经验证据，暂且认为资本账户开放有助于提升风险投资边际效益，提出"增量提效"假设：资本账户开放能增加风险投资强度，并有助于提升其对全要素生产率的边际贡献。

6.2 研究设计

6.2.1 变量指标

1. 因变量

按照第 2 章的理论分析，衡量风险投资活动"数量"的指标有绝对指标和相对指标之分，借鉴 Groh 和 Wallmeroth（2016）[162]的研究，本章依旧采用各地区风险投资总额占同期 GDP 比率来衡量风险投资活动强度，以便修正经济周期波动的潜在影响。与此同时，按照背景将风险投资机构进一步细分为外资风险投资、国有风险投资和民营风险投资，分类标准与第 4 章和第 5 章中保持一致，此处不再赘述。

2. 自变量

由第 2 章的理论分析可知，资本账户开放测度主要有约束式和开放式两种方法。其中，约束式测度法是指基于各国法律规定所编制的资本项目管制指数，如 Kaopen 指数、修正的 Quinn 指数等，这些指数通常只能反映政府对于资本账户的管制意愿，无法准确衡量一国的实际资本管制程度，具有较大主观性且稳健性较差。相比之下，开放式测度法能够客观反映资本流动的实际情况，主要包括资本规模法、储蓄-投资率法和利率差异法。需要说明的是，尽管从法律制度层面来讲，中国各省市自治区的资本项目管制指数是基本一致的，但是各省市自治区在资本管制过程中的执法能力存在明显差异。考虑到合格境外有限合伙人（QFLP）、人民币合格境外有限合伙人（RQFLP）是针对外商股权投资企业设立的，它们在资本账户中属于直接投资项目领域，参考 Kraay（1998）[185]、Kose 等（2009）[234]的研究，采用国际直接投资流量占国民生产总值的比重来衡量其市场开放程度。

3. 控制变量

综合参考 Schöfer 和 Roland（2002）[167]、蔡莉和李雪灵（2004，2006）[168, 169] 的因素分类框架，选取以下控制变量。

（1）经济环境因素

经济环境因素对风险投资的影响主要体现在市场供需两端。从市场需求侧来讲，良好的经济发展环境不仅能够催生出更多的技术机会，还有助于激发企业家精神、孵化出更多的创业企业，从而扩大资本市场对风险投资的需求（Samila 和 Sorenson，2011）[401]；从市场供给侧来讲，宏观经济的波动同时也会引起大众投资者偏好变化，当经济发展处在持续扩张阶段时，能够向风险投资机构提供募资来源的投资者数量众多，这有助于增加风险投资的市场供给规模（冯冰和杨敏利，2014）[402]。借鉴 Félix 等（2013）[161] 的研究，我们采用各地区的 GDP 增长率作为区域经济环境的代理变量。

（2）科技环境因素

风险投资与技术创新之间存在着螺旋式增长关系。理论上，风险资本家倾向于投资具备核心竞争力的科技创新型企业，而在科技发达的地区蕴藏着大量的技术机会，这些潜在技术机会最终会被企业家发掘并转化为科技创业活动，能够增加对风险投资的有效需求（涂红和刘月，2014）[158]。与此同时，企业的创新战略选择会影响其自身融资能力，而且采取率先创新战略的企业比采取模仿战略的企业更容易获得风险投资机构的支持。按照蔡莉等（2007）[403] 的研究，风险投资科技环境主要以研发体系以及由此产生的技术市场体系的形式存在，采用各地区科技活动支出占 GDP 的比例作为代理变量。

（3）创业环境因素

创业企业可视为风险投资资本循环的载体，而风险投资是创业企业的生产要素来源，二者之间存在互补和协同效应。Bonini 和 Alkan（2012）[157] 指出，创业活动会扩大风险投资市场需求，其估计结果也表明创业活动指数对欧洲地区风险投资活跃程度有显著正向影响,不过也有学者得出了截然相反的结论。综合参考 Rama 等(2006)[404]的研究,我们从创业活跃程度和劳动力市场刚性两个方面来衡量区域创业环境。其中,创业活跃程度采用各地区 15~64 岁劳动力人均拥有的私营企业数量来衡量,劳动力市场刚性采用规模以上工业企业中国有单位就业人口比例来衡量。

(4)金融环境因素

健全的资本市场体系是其风险投资机构从事筹资、投资、管理和退出的先决条件。资本具有天然的逐利性,以首次公开发行(IPO)或企业并购(M&A)方式退出投资企业是风险投资获取收益的前提条件,所以资本市场环境因素对风险投资活动的影响不可忽视(Gompers 等,2008)[405]。风险投资退出企业的方式有首次公开发行、企业并购和破产清算。考虑到数据可得性,参考陈德棉和陈鑫(2015)[406]的研究,从首次公开发行和并购两个角度来衡量金融环境。其中,首次公开发行采用各地区首次公开发行企业数量来衡量,并购采用各地区企业并购交易数量来衡量。

(5)社会环境因素

由于风险投资是一种典型的关系型投资,所以社会资本对风险投资活动也有重要影响。一方面,作为项目信息传递媒介,社会网络能够有效缓解地理距离对于风险投资活动范围的限制;另一方面,社会信息化水平的提升能够降低风险投资中的道德风险和成本费用并提高预期收益水平,这会引起风险投资活动强度的增加(胡刘芬和周泽将,2018)[407]。综合参考严成樑(2012)[408]、赵延东和罗家德(2005)[409]的研究,分别从社会网络规模和社会信息共享两个角度来衡量社会资本。其中,社会网络规模采用各地区人均社会组织数量来衡量,社会信息共享采用各地区人均通信费用占可支配收入比例来衡量。

表6.1 变量定义及说明

类型	名称	符号	定义
因变量	风险投资	VC	该地区风险投资总额占GDP的比例（%）
	外资风险投资	VCforeign	该地区外资风险投资总额占GDP的比例（%）
	国有风险投资	VCstate	该地区国有风险投资总额占GDP的比例（%）
	民营风险投资	VCprivate	该地区民营风险投资总额占GDP的比例（%）
自变量	资本账户开放	Openc	该地区国际直接投资流量占GDP的比例（%）
控制变量	经济增长	GDP	该地区国民生产总值增长率（%）
	技术机会	Techop	该地区科技活动支出占GDP的比例（%）
	创业活动指数	TEA	该地区每万人拥有私营企业数（个）
	劳动力市场刚性	LMR	该地区国有企业就业人员比例（%）
	首次公开发行	IPO	该地区首次公开发行企业数（个）
	企业并购	M&A	该地区企业并购市场交易事件数（个）
	社会网络规模	SN	该地区每万人拥有社会组织数（个）
	社会信息共享	SI	该地区人均通信费用占可支配收入比例（%）

6.2.2 样本数据

本研究选取2003—2015年30个省（自治区、直辖市）作为研究样本[①]。其中：风险投资指标的测算数据来自万得（Wind）中国PE/VC数据库；资本账户开放指标的测算数据来自国家统计局和《中国对外投资统计公报》；经济增长指标的测算数据来自国家统计局；技术机会指标的测算数据来自《中国科技统计年鉴》和国家统计局；创业活动指标的

---

① 鉴于数据可得性，本章的研究样本区间设定为2003—2015年，西藏、港澳台地区变量数据存在严重缺失，在样本中予以剔除。

测算数据来自《中国劳动统计年鉴》和国家统计局；劳动力市场刚性指标测算数据来自《中国工业经济统计年鉴》和《中国人口与就业统计年鉴》；首次公开发行和并购指标的测算数据来自万得（Wind）数据库；社会网络指标的测算数据来自《中国民政统计年鉴》和《中国统计年鉴》；社会信息化指标的测算数据来自《中国第三产业统计年鉴》。

6.2.3 模型方法

首先，参考 Jeng 和 Wells（2000）[139]、Félix 等（2013）[161] 的研究，构建面板数据固定效应模型（6.1），考察资本账户开放对风险投资活动强度的影响。

$$VC_{it} = \beta_0 + \beta_1 Openc_{it} + \beta_2 GDP_{it} + \beta_3 Techop_{it} + \beta_4 TEA_{it} + \beta_5 LMR_{it} + \beta_6 IPO_{it} + \beta_7 M\&A_{it} + \beta_8 SN_{it} + \beta_9 SI_{it} + \tau_t + \alpha_i + u_{it} \quad (6.1)$$

其中，i 代表地区，t 代表时间，α_i 代表地区固定效应，τ_t 代表时间固定效应，u_{it} 代表随机误差项。

然后，分别把外资风险投资、国有风险投资和民营风险投资作为因变量引入模型，借此分析资本账户开放对风险投资市场结构的潜在影响，如公式（6.2）、（6.3）和（6.4）所示。

$$VCforeign_{it} = \beta_0 + \beta_1 Openc_{it} + \beta_2 GDP_{it} + \beta_3 Techop_{it} + \beta_4 TEA_{it} + \beta_5 LMR_{it} + \beta_6 IPO_{it} + \beta_7 M\&A_{it} + \beta_8 SN_{it} + \beta_9 SI_{it} + \tau_t + \alpha_i + u_{it} \quad (6.2)$$

$$VCstate_{it} = \beta_0 + \beta_1 Openc_{it} + \beta_2 GDP_{it} + \beta_3 Techop_{it} + \beta_4 TEA_{it} + \beta_5 LMR_{it} + \beta_6 IPO_{it} + \beta_7 M\&A_{it} + \beta_8 SN_{it} + \beta_9 SI_{it} + \tau_t + \alpha_i + u_{it} \quad (6.3)$$

$$VCprivate_{it} = \beta_0 + \beta_1 Openc_{it} + \beta_2 GDP_{it} + \beta_3 Techop_{it} + \beta_4 TEA_{it} + \beta_5 LMR_{it} + \beta_6 IPO_{it} + \beta_7 M\&A_{it} + \beta_8 SN_{it} + \beta_9 SI_{it} + \tau_t + \alpha_i + u_{it} \quad (6.4)$$

上述计量模型仅能考察资本账户开放对风险投资活动强度的影响。沿用第 4 章的变量指标和模型方法，从全要素生产率的视角出发，进一步构造资本账户开放与风险投资交互项，借此分析资本账户开放对风险投资边际效益的潜在影响，具体如公式（6.5）所示。

$$TFP_{it} = \beta_0 + \beta_1 VC_{it} + \beta_2 VC_{it} \times Openc_{it} + \beta_3 Openc_{it} + \beta_4 R\&D_{it} + \beta_5 Buytech_{it} + \beta_6 HR_{it} + \beta_7 Opent_{it} + \beta_8 Gov_{it} + \beta_9 Inst_{it} + \beta_{10} Infra_{it} + \beta_{11} Urban_{it} + \tau_t + \alpha_i + u_{it} \quad (6.5)$$

其中，变量 $Opent_{it}$ 代表贸易开放程度，其余变量定义与第 4 章一致。重复上述过程，把外资风险投资、国有风险投资和民营风险投资作为自变量引入模型，进一步考察资本账户开放对风险投资边际效益的调节效应是否因其背景而异，具体如公式（6.6）、（6.7）和（6.8）所示：

$$TFP_{it} = \beta_0 + \beta_1 VCforeign_{it} + \beta_2 VCforeign_{it} \times Openc_{it} + \beta_3 Openc_{it} + \beta_4 R\&D_{it} + \beta_5 Buytech_{it} + \beta_6 HR_{it} + \beta_7 Opent_{it} + \beta_8 Gov_{it} + \beta_9 Inst_{it} + \beta_{10} Infra_{it} + \beta_{11} Urban_{it} + \tau_t + \alpha_i + u_{it} \quad (6.6)$$

$$TFP_{it} = \beta_0 + \beta_1 VCstate_{it} + \beta_2 VCstate_{it} \times Openc_{it} + \beta_3 Openc_{it} + \beta_4 R\&D_{it} + \beta_5 Buytech_{it} + \beta_6 HR_{it} + \beta_7 Opent_{it} + \beta_8 Gov_{it} + \beta_9 Inst_{it} + \beta_{10} Infra_{it} + \beta_{11} Urban_{it} + \tau_t + \alpha_i + u_{it} \quad (6.7)$$

$$TFP_{it} = \beta_0 + \beta_1 VCprivate_{it} + \beta_2 VCprivate_{it} \times Openc_{it} + \beta_3 Openc_{it} + \beta_4 R\&D_{it} + \beta_5 Buytech_{it} + \beta_6 HR_{it} + \beta_7 Opent_{it} + \beta_8 Gov_{it} + \beta_9 Inst_{it} + \beta_{10} Infra_{it} + \beta_{11} Urban_{it} + \tau_t + \alpha_i + u_{it} \quad (6.8)$$

需要说明的是，本章依旧以空间相关性检验结果为判定依据，在非参数协方差估计和空间计量经济学方法之间选择估计方法，考虑到第 4 章和第 5 章已经详细阐述了它们的理论原理，此处不再赘述。

6.3 实证分析

6.3.1 描述性统计分析

表 6.2 给出了主要变量的相关系数及描述性统计量。不难发现，资本账户开放与风险投资之间存在显著的正相关关系，虽然外资、国有和民营风险投资与资本账户开放的相关系数大小存在一定差异，但它们均

为正值而且在1%的水平上显著，说明开放资本账户能够吸引外资风险投资进入，挤入了国有和民营风险投资，所以有助于增加风险投资的总体活动强度，为本研究理论假设提供了初步经验证据。同时，由因变量描述性统计结果可知，外资风险投资强度均值明显大于国有和民营风险投资的强度均值，说明外资是当前中国风险投资活动主体，与第3章的分析结论是一致的。自变量的描述性统计结果表明，样本期间资本账户开放均值为2.850，其标准差为2.328，说明中国各省、自治区、直辖市资本账户开放程度存在明显的区域性差异。

表6.2 主要变量相关系数及描述性统计量

变量	VC	VCforeign	VCstate	VCprivate	Openc	GDP	Techop
VCforeign	0.922***						
VCstate	0.538***	0.203***					
VCprivate	0.465***	0.231***	0.368***				
Openc	0.195***	0.139***	0.148***	0.217***			
GDP	−0.085*	−0.0390	−0.108**	−0.117**	0.0480		
Techop	0.415***	0.372***	0.228***	0.237***	0.357***	−0.111**	
LMR	−0.222***	−0.154***	−0.155***	−0.293***	−0.443***	0.313***	−0.326***
均值	0.233	0.127	0.050	0.055	2.850	11.734	1.448
标准差	0.734	0.603	0.229	0.118	2.328	2.681	1.420
最小值	0	0	0	0	0.068	3.00	0.016
最大值	8.519	8.371	3.208	1.126	13.802	23.800	13.043
样本数	390	390	390	390	390	390	390

注："***""**"和"*"分别表示在1%、5%和10%的水平上显著；限于篇幅，文中未报告控制变量的相关系数及描述性统计结果。

6.3.2 空间相关性检验

为了检验空间相关性，本章计算了2003—2015年中国风险投资及其细分类型的全局Moran's I指数值，如表6.3所示。可以看出，风险投资的 Moran's I 指数值及其符号具备波动特征，仅在 2005 年具有统计意义上的显著性，2003—2015 年的 Moran's I 指数为负值但并不显著，说明在整个样本期间面板数据的空间相关性并不显著。对于不同背景的风险投资而言：①外资风险投资的 Moran's I 指数在绝大多数年份为正值，在整个样本期间并不具有统计意义上的显著性，仅在 2005 年表现出了较强的空间正相关性；②国有风险投资的 Moran's I 指数符号呈现出正负交替局面，在整个样本期间也不显著，仅在 2003 年表现出了显著的空间正相关性；③民营风险投资的 Moran's I 指数符号呈现正负交替局面，在整个样本期间也不显著，分别在 2003 年和 2015 年表现出了显著空间正相关性。由此可见，无论是按照整体还是分类型来看，中国省际风险投资活动仅在少数年份表现出了显著的空间相关性，在整个样本期间的空间相关性并不显著，因此后续将采用非参数协方差估计法。

表 6.3 空间相关性检验结果

年度	VC Moran's I	VC p-value	VCforeign Moran's I	VCforeign p-value	VCstate Moran's I	VCstate p-value	VCprivate Moran's I	VCprivate p-value
2003	0.067	0.116	0.006	0.318	0.174	0.008	0.222	0.007
2004	−0.018	0.436	0.005	0.348	−0.056	0.412	0.009	0.334
2005	0.021	0.051	0.022	0.050	−0.015	0.372	−0.019	0.382
2006	−0.011	0.332	−0.012	0.332	−0.020	0.389	0.015	0.134
2007	0.065	0.157	0.019	0.245	0.013	0.318	0.015	0.163
2008	−0.043	0.464	−0.019	0.435	−0.011	0.407	−0.067	0.377
2009	−0.004	0.178	0.003	0.104	0.011	0.183	−0.107	0.247
2010	−0.044	0.436	0.004	0.147	−0.053	0.414	−0.047	0.449
2011	0.016	0.287	0.022	0.250	0.021	0.143	−0.110	0.219
2012	0.020	0.167	0.029	0.267	0.002	0.180	0.007	0.350
2013	0.029	0.257	0.002	0.324	−0.103	0.261	0.009	0.334

续表

年度	VC		VCforeign		VCstate		VCprivate	
	Moran's I	p-value	Moran's I	p-value	Moran's I	p-value	Moran's I	p-value
2014	0.004	0.267	0.016	0.177	−0.016	0.366	0.021	0.270
2015	0.050	0.159	0.059	0.139	0.014	0.226	0.117	0.063
2003—2015	−0.006	0.460	0.006	0.395	−0.012	0.381	0.059	0.139

注：空间权重矩阵设置为空间邻接稀疏矩阵；限于篇幅，表中不再报告Z统计量值。

6.3.3 回归结果分析

为了避免发生伪回归问题，本章采用LLC、Breintung、IPS、ADF-fisher和ADF-pp方法进行单位根检验，检验结果拒绝了变量存在单位根的假设，Breintung检验也接受了多数变量平稳假设，因此直接对变量进行回归[①]。

1. 资本账户开放与风险投资"数量"

首先，关注资本账户开放与风险投资"数量"之间的关系。表6.4中：面板设定F检验的结果表明个体效应十分显著；Hausman检验结果表明选择固定效应模型是合适的；Modified-Wald检验的结果表明面板数据存在异方差问题，这说明传统最小二乘（OLS）估计系数的t统计量是不可靠的，因此改用非参数协方差矩阵（NCM）估计法，得到估计系数及其异方差-稳健t统计量。此外，在模型（1）~（5）中，各变量方差膨胀因子（VIF）的取值范围为[1.26，4.04]，在合理的经验范围内，说明不存在多重共线性问题。

---

① 限于篇幅，正文中未列出变量单位根检验结果，请参考附录B。

表6.4 资本账户开放对风险投资数量影响的估计结果

变量	VC (1) OLS	VC (2) NCM	VCforeign (3) NCM	VCstate (4) NCM	VCprivate (5) NCM
Openc	0.0375 (1.50)	0.0375*** (3.67)	0.0101** (2.30)	0.0193* (2.16)	0.0080** (2.68)
GDP	0.0112 (0.65)	0.0171** (2.89)	0.0108 (1.60)	0.0013 (0.69)	0.0050* (1.79)
Techop	0.0151 (0.51)	0.0130 (1.47)	0.0059 (0.66)	0.0021 (0.53)	0.0049 (1.71)
LMR	−0.0137 (−1.51)	−0.0135* (−1.93)	−0.0118* (−1.93)	−0.0007 (−0.39)	−0.0009 (−0.54)
LEA	0.5547*** (4.57)	0.5642** (2.84)	0.0390 (0.21)	0.3765** (2.58)	0.1488*** (3.74)
IPO	0.0019 (0.35)	0.0024* (1.81)	0.0009 (0.12)	0.0004 (0.19)	0.0011** (2.34)
M&A	0.0020 (0.04)	0.0031 (0.05)	0.0024 (0.05)	−0.0299 (−0.76)	0.0307* (2.11)
SN	0.0097 (0.27)	0.0081 (0.33)	0.0059 (0.27)	0.0075 (0.57)	−0.0053 (−0.82)
SI	0.0517* (1.91)	0.0509* (1.93)	0.0332* (2.06)	−0.0036 (−0.39)	0.0213 (1.08)
Constant	−1.3296** (−2.58)	−0.2996 (−1.52)	−0.2012** (−2.78)	−0.5883** (−2.70)	−0.4569** (−2.27)
Year	控制	控制	控制	控制	控制

续表

变量	VC (1) OLS	VC (2) NCM	VCforeign (3) NCM	VCstate (4) NCM	VCprivate (5) NCM
Observations	390	390	390	390	390
R-squared	0.2798	0.2798	0.2543	0.2471	0.3753
F	122.55***	485.07***	92.28***	58.82***	188.50***
Hausman	50.26***	50.26***	35.66**	41.35***	38.50***
Modified-Wald	434.68***	434.68***	797.41***	244.85***	143.39***
VIF	[1.26,4.04]	[1.26,4.04]	[1.26,4.04]	[1.26,4.04]	[1.26,4.04]

注："***""**""*"分别表示在1%、5%和10%的水平上显著；括号内为各估计系数的异方差-稳健t统计量；限于篇幅，表中不再报告年度虚拟变量的估计系数。

如表6.4所示，（1）列结果表明：资本账户开放的最小二乘（OLS）估计系数为正值，但是并不具有统计意义上的显著性，这说明资本账户开放对于风险投资活动强度并没有影响。然而，考虑到模型中潜在的异方差和空间自相关等问题，本章以非参数协方差（NCM）估计结果为主要参考标准。从表中（2）列结果可以看出，资本账户开放的估计系数为正值且在1%水平上显著，表明资本账户开放有助于增加风险投资的活动强度，这与Alhorr等（2010）[395]等基于欧盟国家的经验研究结论是一致的。由此可见，虽然资本账户开放理论上对风险投资活动强度的影响具有两面性，但是现阶段的正面效应大于负面效应，并在净效应层面表现出积极影响，从侧面证实了在经济新常态下深化资本账户开放水平的必要性。值得注意的是，通过对比表中（1）列和（2）列的估计结果可知，如果忽略了区域经济活动潜在的空间相关性问题，可能会低估资本账户开放对风险投资活动强度的影响。

当把风险投资的背景因素纳入模型之后，可以继续分析资本账户开放对风险投资市场结构的潜在影响，具体如下所述。第一，如表中（3）列结果表明，资本账户开放的估计系数为正值且在5%水平上显著，表明现阶段深化资本账户开放水平能吸引更多的外资风险投资流入中国，假设H_1成立。第二，如表中（4）列结果表明，资本账户开放的估计系数为正值且在10%水平上显著，说明资本账户开放不仅可以吸引更多外资风险投资进入，还有助于增加国有风险投资的活动强度，假设H_2成立。其原因可能在于资本账户开放引起外资风险投资流入对国有风险投资产生了挤入效应，或者说产生的挤入效应大于挤出效应，最终带来了国有风险投资活动强度增加。第三，如表中（5）列结果表明，资本账户开放的估计系数为正值且在5%的水平上显著，说明资本账户开放也有助于增加民营风险投资活动强度，假设H_3成立。与黄英龙等（2016）[396]基于外商直接投资的分析结论基本一致，资本账户开放也对中国本土风险投资存在正向影响，而且它对国有风险投资的影响（0.0193）大于其对民营风险投资的影响（0.0080）[①]，从侧面反映出外资风险投资更加倾向于与国有风险投资机构展开合作。基于以上分析，可以看出资本账户开放对风险投资活动的作用不仅体现在数量方面，还体现在市场结构方面。具体来讲，资本账户开放不但会引起外资风险投资大量涌入，还使得国有风险投资活动强度快速增加，这会在一定程度上稀释民营风险投资市场份额。结合第4章的研究结论可知，由于外资、国有和民营风险投资在提升全要素生产率过程中存在效率差异，这种市场结构变动可能会影响其对全要素生产率的边际贡献，后续将进一步给出验证性分析。

在控制变量中，如表中（2）列结果所示：第一，经济增长和技术机会的估计系数均为正值，但仅有前者在5%的水平上显著，说明经济增长能够通过刺激市场需求带来风险投资活动强度增加，但技术机

---

① 费舍尔组合检验在5%的水平上拒绝了估计系数相等的假设。

会对其并没有明显影响,结合第 4 章的分析,我们认为其原因在于中国科技成果转化率较低,大量发明停留在闲置状态,难以进行商业化应用和推广(Jeng 和 Wells,2000)[139];第二,劳动力市场刚性估计系数为负值,创业活动指数估计系数为正值,它们分别在 10% 和 5% 的水平上显著,说明劳动力市场刚性抑制了风险投资活动,而创业活动能够带来风险投资活动强度增长;第三,首次公开发行和企业并购的估计系数均为正值,但仅有前者在 10% 的水平上显著,说明首次公开发行市场环境对风险投资活动具有正向的影响,这与 Gompers 和 Kovner(2008)[405]的研究结论一致;第四,社会网络规模和社会信息共享估计系数均为正值,仅有后者在 10% 水平上显著,可能的原因在于随着信息化程度提高,风险投资项目信息交换方式已经转向数字化模式,传统社会网络规模增长对风险投资活动没有影响(Ishise 和 Sawada,2009;严成樑,2012)[410, 408]。值得注意的是,如表中(3)列、(4)列和(5)列结果所示,外资、国有和民营风险投资与外部环境因素之间的关系不尽相同。如创业活动指数能够显著增加民营和国有风险投资活动强度,但对外资风险投资活动强度并没有明显影响。可能的原因在于现阶段中国的创业活动偏重于商业模式创新,技术创新驱动型创业活动比例较低,而外资风险投资机构一般偏好技术类的创业活动。

2. **资本账户开放与风险投资"效益"**

在上述研究的基础之上,我们从全要素生产率视角出发,进一步考察资本账户开放对风险投资边际效益的影响,结果如表 6.5 所示。其中:Hausman 检验结果表明选择固定效应模型是合适的;Modified-Wald 检验结果表明,面板数据存在异方差问题,因此继续采用非参数协方差矩阵估计法,得到估计系数的异方差——稳健 t 统计量。此外,方差膨胀因子(VIF)检验结果表明,模型(1)~(5)中各变量的 VIF 统计量值均在[1.79, 8.89]区间之内,并不存在多重共线性问题。

表6.5 资本账户开放对风险投资效益影响的估计结果

变量	TFP （1） OLS	（2） NCM	（3） NCM	（4） NCM	（5） NCM
VC	0.0088**	0.0088**			
	（2.22）	（2.57）			
VC×Openc	−0.0017	−0.0017*			
	（−1.07）	（−1.78）			
VCforeign			0.0091*		
			（2.08）		
VCforeign×Openc			−0.0019		
			（−0.75）		
VCstate				0.0071	
				（0.56）	
VCstate×Openc				−0.0037	
				（−1.50）	
VCprivate					0.0265*
					（1.80）
VCprivate×Openc					0.0026
					（1.03）
Openc	0.0020	0.0020*	0.0021*	0.0022*	0.0021
	（1.63）	（1.78）	（1.86）	（1.82）	（1.72）
R&D	0.3930**	0.3930	0.4400*	0.3995	0.2584
	（2.04）	（1.91）	（1.90）	（1.75）	（1.08）
Buytech	0.0059*	0.0059*	0.0058	0.0071**	0.0075**
	（1.70）	（1.71）	（1.65）	（2.44）	（2.60）

续表

变量	TFP				
	（1）	（2）	（3）	（4）	（5）
	OLS	NCM	NCM	NCM	NCM
HR	0.0138***	0.0138***	0.0140***	0.0141***	0.0137***
	（2.80）	（3.79）	（3.74）	（3.62）	（3.50）
Opent	0.0157	0.0157	0.0171	0.0136	0.0203
	（0.89）	（0.79）	（0.82）	（0.58）	（1.01）
Gov	−0.0332	−0.0332	−0.0285	−0.0313	−0.0498
	（−0.56）	（−0.38）	（−0.32）	（−0.36）	（−0.60）
Inst	0.0602**	0.0602***	0.0592***	0.0605***	0.0582***
	（2.10）	（3.28）	（3.23）	（3.67）	（3.56）
Infra	0.0050	0.0050	0.0042	0.0047	0.0063
	（0.60）	（0.92）	（0.73）	（0.91）	（1.31）
Urban	0.0015***	0.0015***	0.0015***	0.0015***	0.0017***
	（2.97）	（6.52）	（5.53）	（6.16）	（5.78）
Year	控制	控制	控制	控制	控制
Constant	0.7995***	0.6989***	0.6926***	0.6953***	0.6966***
	（16.22）	（9.97）	（9.72）	（9.96）	（9.94）
Observations	390	390	390	390	390
R-squared	0.2491	0.2491	0.2478	0.2402	0.2480
F	499.83***	357.73***	570.28***	417.40***	697.01***
Hausman	20.77***	20.77***	18.39**	22.63***	25.32***
Modified-Wald	812.33***	812.33***	858.92***	871.32***	900.36***
VIF	［1.80，8.89］	［1.80，8.89］	［1.93，8.14］	［1.79，8.05］	［1.79，8.09］

注："***""**""*"分别表示在1%、5%和10%的水平上显著；括号内为估计系数的异方差-稳健t统计量。

如表 6.5 中（1）列结果所示，资本账户开放的估计系数为负值但并不显著，说明其对全要素生产率并没有明显影响。然而，当我们将空间相关性纳入考虑范围之后，估计结果有了明显变化。如表中（2）列结果所示，资本账户开放估计系数为正值，且在 10% 的水平上显著，说明现阶段推进资本账户开放有助于全要素生产率改善。相比之下，虽然贸易开放的估计系数也为正值，但是并不具有统计意义上的显著性，说明它对全要素生产率没有影响。可能的原因在于随着中国逐渐接近世界科技前沿，大量中间产品附属的技术溢出效应衰减，进出口贸易对全要素生产率的影响有所弱化；也可能是贸易开放对于全要素生产率的影响短期内难以体现（魏下海，2009）[85]。值得注意的是，资本账户开放与风险投资交互项系数为负值，而且在 10% 的水平上显著，表明资本账户开放弱化了风险投资对于全要素生产率的边际贡献。结合表 4.4 和表 6.4 的估计结果可知，可能的原因在于：资本账户开放引起低效率的外资风险投资涌入，而外资进入又进一步挤入了无效率的国有风险投资，稀释了高效率民营风险投资的市场份额，使得风险投资边际效益有所下降。或者与假设 H_4、H_5 和 H_6 的预期相反，资本账户开放引起了外资风险投资大量涌入，在资本边际报酬递减规律的作用下，外资风险投资效益开始出现规律性下降，资本账户开放同时可能给国有和民营风险投资效益带来负面影响，最终也会导致风险投资整体效益下滑。

为了确认资本账户开放弱化风险投资边际效益的根本原因，继续分析其对外资、国有和民营风险投资边际效益的影响。从表中（3）列的估计结果可以看出，资本账户开放与外资风险投资交互项系数为负值但并不显著，表明资本账户开放对外资风险投资的边际效益没有影响，假设 H_4 不成立。究其原因，我们认为资本账户开放强化了市场竞争，迫使外资风险投资机构提升经营效率，部分抵消了资本边际递减规律的负面作用（Hochberg 等，2015）[411]。表中（4）列结果表明，资本账户开放与国有风险投资的交互项系数为负值但也不显著，说明资本账户开放对国有风险投资的边际效益也没有影响，否定了假设 H_5。相比之下，资本账户开放与民营风险投资交互项系数符号符合理论预期，但是也不具备统计意义上的显著性，假设 H_6 同样不成立。可能的原因在于资本账户开放对本土风险投资效益具有两面性，既可以通过竞争示范带来正面影响，也可能助长本土风险投资机构慵懒行为，正负效应相互抵消。由此可见，资本账户开放对外资、国有和民营风险投资活动的边际效益均没有显著影响，所以可认为它对风险投资整体边际效益的负面影响主要来自结构效应。在控制变量中，人力资本、制度质量和城市化水平估计系数均为正值且显著，政府行为和基础设施的估计系数并不具有统计意义上的显著性，这与表4.4的估计结果基本一致，再次说明第4章的研究结论是稳健性。此外，现阶段对外开放的全要素生产率增长效应主要来自资本账户开放而非贸易开放。

6.3.4 稳健性检验

对于上述分析中可能存在的模型内生性问题，我们参考第4章的做法，把 TFP_{it}、VC_{it}、$VCforgein_{it}$、$VCstate_{it}$、$VCpirvate_{it}$ 和 $Openc_{it}$ 等视为内生变量，将其两阶及以上滞后项作为工具变量，使用动态面板系统 GMM 法重新估计，以检验回归结果的稳健性。如表6.6所示，在控制了变量的内生性问题之后，绝大多数变量的估计系数符号及显著性并未发生明显变化，这说明上述模型回归结果是整体稳健的。需要指出的是，（5）列中，民营风险投资与资本账户开放的估计系数为正值且在10%水平上显著，表明资本账户开放提高了民营风险投资对全要素生产率的边际贡献。结合前文的分析，我们认为：一方面，外资风险投资的进入强化了市场竞争，在投资项目和资金募集双重压力下，民营风险投资机构经营效率有所改善；另一方面，外资进入还为民营风险投资机构带来了先进的项目筛选和运作理念，并通过联合投资的方式提升它们的绩效水平，这些正面效应大于潜在负面效应，所以整体上呈现出积极的影响。

表6.6 稳健性检验结果

变量	\multicolumn{5}{c}{VC/TFP}
	（1）	（2）	（3）	（4）	（5）
	GMM	GMM	GMM	GMM	GMM

（1）因变量：VC/VC/VCforeign/VCstate/VCprivate

Openc	0.0024	0.0028*	0.0070*	0.0011**	0.0171*
	(1.18)	(1.74)	(2.01)	(2.37)	(1.79)
Controls	控制	控制	控制	控制	控制
Observations	360	360	360	360	360
AR(1)	−1.61	−1.67*	−2.29***	−1.77*	−2.40**
AR(2)	−0.88	−0.85	−1.00	0.95	1.17
Hansen	15.42	14.94	6.42	11.08	8.96

（2）因变量：TFP

VC	0.0178***	0.0146***			
	(6.33)	(5.19)			
VC×Openc	−0.0026	−0.0028*			
	(−1.67)	(−1.87)			
VCforeign			0.0132***		
			(5.44)		
VCforeign×Openc			−0.0014		
			(−0.71)		
VCstate				0.0216	
				(0.71)	
VCstate×Openc				−0.0054	
				(−1.01)	

续表

变量	VC/TFP				
	（1）	（2）	（3）	（4）	（5）
	GMM	GMM	GMM	GMM	GMM
VCprivate					0.1055**
					（2.80）
VCprivate×Openc					0.0130*
					（1.81）
Openc	0.0005	0.0014**	0.0010**	0.0010**	0.0006
	（0.40）	（1.91）	（2.67）	（2.81）	（1.53）
Controls	控制	控制	控制	控制	控制
Observations	360	360	360	360	360
AR（1）	−2.79***	−2.84***	−2.95***	−2.87***	−2.99***
AR（2）	−0.25	−0.10	0.55	0.54	−0.65
Hansen	1.92	4.61	4.21	3.36	9.52

注："***""**""*"分别表示在1%、5%和10%的水平上显著；Hansen检验表明工具变量的选择是有效的；AR-Bond检验表明模型设定是合理的；限于篇幅，正文中不再报告控制变量估计系数。

6.3.5 进一步讨论

上述研究揭示了资本账户开放对风险投资和全要素生产率的影响，但依旧遗留了两个问题尚未解决：第一，资本账户开放对全要素生产率的影响是否是通过刺激风险投资活动实现的，也就是说风险投资是否在资本账户开放与全要素生产率之间扮演着中介角色，究竟是发挥着完全中介作用还是部分中介作用；第二，资本账户开放对本土风险投资活动强度的积极影响是否来源于外资风险投资的挤入效应。针对上述问题，我们在第4章和第6章的基础上进一步整合分析，构建起"资本账户开放—风险投资—全要素生产率"分析框架,并在其中考察外资风险投资对国有和民营风险投资的影响。按照第4章的分析,由于面板数据变量之间存在跨期相关性,并不满足结构方程方法使用前提,故采用基于递归模型的路径分析法,结果如图6.2所示。

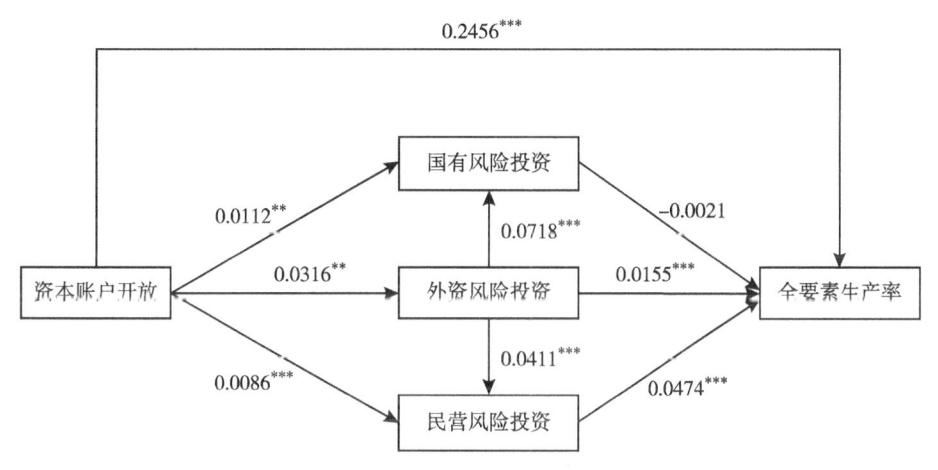

图 6.2 资本账户开放与全要素生产率:风险投资中介作用

从图6.2可以得到两点启示。第一,资本账户开放能带来外资、国有和民营风险投资活动强度增加,外资和民营风险投资又有助于全要素生产率改善,说明资本账户开放能够通过激励外资和民营风险投资活动来提升中国全要素生产率水平,从而为推行合格境外有限合伙人(QFLP)和人民币合格境外有限合伙人(RQFLP)等制度提供了直接经验证据。需要注意的是,风险投资在资本账户开放与全要素生产率之间仅起着部分中介作用,资本账户开放对全要素生产率还有直接影响,可能的原因在于资本账户开放也能引起外商直接投资增加(朱平芳和李磊,2006)[412]。第二,资本账户开放能够增加外资风险投资活动强度,而外资风险投资又对国有和民营风险投资活动存在积极影响,证实了外资风险投资挤入效应的中介作用。但是,资本账户开放对国有和民营风险投资活动还存在显著直接影响,其原因在于资本账户开放还能通过环境优化、带动效应等机制来影响本土风险投资活动(尹国俊等,2015)[388]。

6.4 本章小结

针对第三类问题,即资本账户开放是否有助于提高中国全要素生产率,对中国风险投资活动"数量"和"效益"又有何种影响,本章在金融自由化理论框架下,以国际直接投资领域的研究为线索依托,首先确立资本账户开放对风险投资活动强度和效率效益的影响机制,并在此基础上提出了增量提效假设。然后,基于2003—2015年中国省级面板数据,利用非参数协方差矩阵估计法,从区域层面考察资本账户开放对风险投资和全要素生产率的影响,并检验资本账户开放的调节效应。研究发现:①资本账户开放有助于提升中国全要素生产率水平,从侧面证实了在经济新常态下深化资本账户开放的必要性;②资本账户开放有助于增加风险投资活动强度,表现为吸引外资风险投资进入中国,同时还挤入了国有和民营风险投资,并引起了风险投资市场结构变化;③资本账户开放对风险投资和全要素生产率存在显著的负向调节效应,说明它降低了风险投资对全要素生产率的边际贡献,原因在于资本账户开放不仅增加了低效率外资风险投资活动强度,还挤入了大量无效率国有风险投资,一定程度上稀释了高效率民营风险投资的市场份额,导致风险投资结构质量下降。此外,进一步讨论结果表明,资本账户开放不但能够通过刺激风险投资活动来提升全要素生产率,还可以借助其他方式驱动全要素生产率增长。

根据以上结论,可得如下启示。从理论层面来讲,资本账户开放对风险投资的影响具有多面性,在"数量"层面表现出了积极影响,在"效益"层面表现出了负面影响,所以未来我们在考察评价相关政策的成效时,不能只局限于资本账户开放的资本累积效应,更应该注重它们对投资效益的隐性影响,尤其是要注意关注外资进入对本土投资的冲击效应,以及可能产生的结构质量损失。从政策层面来讲,既然资本账户开放有助于增加风险投资活动强度,并且由此带来了全要素生产率增长，那么未来就要持续推进合格境外有限合伙人（QFLP）和人民币合格境外有限合伙人（RQFLP）等制度。但是，在深化资本账户开放的过程中，还要注意处理好外资进入产生的负面效应，谨防市场结构变动引起质量损失。具体而言：首先应从观念上纠正对外资的盲目崇拜，逐步取消诸如税收优惠、超国民待遇等倾斜性政策，重点从投资便利化、放宽市场准入、知识产权保护等方面入手，营造一个更加公平、透明、便利的投资环境；其次，应继续鼓励创业活动并适度调整劳动力市场刚性，构建多层次资本退出体系，进一步提高社会信息化水平，推动形成利用风险投资的新引擎。

第7章

结论与展望

随着中国经济发展步入新常态，传统以劳动、资本等要素驱动为主的经济增长模式难以为继，未来必须转向全要素生产率驱动。风险投资是推动创新创业、全要素生产率增长的重要因素。理论上，资本账户开放有助于国内资本累积，但外资进入还可能会引起市场结构和配置变化，并改变风险投资对全要素生产率的边际贡献，所以未来不能仅关注风险投资增量与存量，还需要合理优化其结构质量和配置状态。基于以上分析，本研究提出了三类研究问题：第一，风险投资是否有助于提高中国全要素生产率？不同背景（外资、国有和民营）的风险投资对全要素生产率的影响、效率是否存在差异？在资本账户开放背景下，如何提升风险投资结构质量？第二，风险投资究竟是通过何种路径提升全要素生产率的？不同背景的风险投资对全要素生产率的作用路径是否存在依赖性？针对中国各省、自治区、直辖市全要素生产率增长模式，如何合理优化风险投资的区域配置？第三，资本账户开放是否有助于提升全要素生产率？其对风险投资活动"数量"和"效益"有何影响？也就是说，QFLP、RQFLP等是否有助于增加风险投资活动强度？能否改善风险投资结构质量，并提升其对全要素生产率的边际贡献？基于现有政策体系成效，未来该如何进行改革调整？

7.1 主要研究结论

在回答上述问题之前，首先需要准确把握中国全要素生产率发展规律。考虑到在全要素生产率地区差距收敛问题上还存在一些争议，本研究在估算1979—2015年中国31个省（自治区、直辖市）全要素生产率的基础上，采用HP滤波法和分布动态法分析中国全要素生产率的时空演变规律，研究发现：①从国家层面来讲，中国全要素生产率短期波动具有顺周期特征，长期增长则呈现倒U型趋势，自1992年起步入了持续下滑阶段，发展趋势不容乐观；②从区域层面来讲，中国省际全要素生产率增长分布由初期的（1979年）单峰分布逐渐向期末的（2015年）双峰分布演进，最终将长期稳定在"穷省俱乐部"和"富省俱乐部"收敛状态，少数地区将收敛于"富省俱乐部"，多数地区将收敛于"穷省俱乐部"，短期内难以实现均衡发展；③从增长路径来讲，中国全要素生产率增长呈现出技术进步单轮驱动模式，且具有明显的区域性差异，具体来讲，北京、上海以及江浙地区的全要素生产率增长主要来源于技术进步，而新疆、青海等西部地区的全要素生产率增长主要来源于技术效率改善。

针对第一类研究问题，本研究以"熊彼特创新"为理论内核，构建了"风险投资 创新活动—全要素生产率"分析框架，并在此基础上提出"异质效应"理论假设。然后，基于2003—2015年中国省际面板数据，采用非参数协方差矩阵估计法，从区域层面考察风险投资对全要素生产率的异质性影响。研究发现：①风险投资整体上有助于提升中国全要素生产率水平，较好地支持了"正面效应"观点，这从侧面反映出未来中国创新经济发展可以更多地依靠风险投资等股权融资体系；②不同背景的风险投资对全要素生产率的影响存在异质效应，其中，外资和民营风险投资有助于提升中国全要素生产率水平，国有风险投资对全要素生产率没有显著影响，这说明在市场化机制运作下的风险投资通常更加有效；③外资和民营风险投资在提升全要素生产率过程中还存在效率差异，民营风险投资对全要素生产率的提升效应要显著大于外资风险投资，其原因可能在于地理、文化以及制度距离等因素。此外，进一步讨论结果表明，外资风险投资能够通过产品创新提升全要素生产率水平。

针对第二类研究问题，本研究融合了法瑞尔的技术效率理论，分别把技术进步和技术效率视为全要素生产率增长路径，确立了"风险投资—技术创新/非技术创新—技术进步/技术效率"分析框架，并在此基础上提出"路径依赖"理论假设。然后，基于2003—2015年中国省级面板数据，采用贝叶斯法设定空间计量模型，从区域层面考察风险投资对全要素生产率的作用路径。研究发现：①风险投资整体上能够通过推动技术进步提升所在地区全要素生产率水平，但对技术效率并没有显著影响；②不同背景的风险投资对全要素生产率的作用路径存在依赖性，外资风险投资主要通过推动技术进步提升全要素生产率，民营风险投资主要通过改善技术效率提升全要素生产率，虽然国有风险投资有助于推动区域技术进步，但它抑制了技术效率改善，所以对全要素生产率并没有显著影响；③国有风险投资在推动技术进步和技术效率过程中还存在全局溢出效应，有助于推动邻近地区技术进步水平，但对其技术效率也存在负面影响。此外，进一步讨论结果表明，国有风险投资主要是通过促进技术扩散来推动技术进步的。

针对第三类研究问题，本研究在金融自由化理论框架下，以国际直接投资领域的研究为线索依托，首先确立资本账户开放对风险投资活动强度和边际效益的影响机制，并提出"增量提效"理论假设。然后，基于2003—2015年中国省级面板数据，采用非参数协方差矩阵估计法，从区域层面考察资本账户开放对风险投资和全要素生产率的影响，并检验资本账户开放的调节效应。研究发现：①资本账户开放有助于提升中国全要素生产率水平，从侧面证实了在经济新常态下深化资本账户开放的必要性；②资本账户开放有助于增加风险投资活动强度，表现为吸引大量外资风险投资进入，同时挤入了国有和民营风险投资，并引起了风险投资市场结构变化；③资本账户开放对风险投资和全要素生产率的关系存在负向调节效应，说明它降低了风险投资对全要素生产率的边际贡献，其原因在于资本账户开放增加了低效率外资风险投资活动强度，并挤入了大量无效率国有风险投资，稀释了高效率民营风险投资的市场份额，最终导致风险投资结构质量下降。此外，进一步讨论结果表明，资本账户开放可以通过刺激风险投资活动来提升全要素生产率。

在上述问题研究过程中，本研究还有以下发现：①国外技术引进能够有效推动中国全要素生产率增长，但国内自主研发活动对全要素生产率水平并没有显著影响，可能的原因在于中国研发资源投入结构不合理、科技成果转化率相对较低等；②人力资本、制度质量以及城市化对全要素生产率均有正向影响，这从侧面反映出劳动者教育、市场化改革以及城镇化进程的推进均能带来中国全要素生产率增长；③政府行为和基础设施对中国全要素生产率水平没有显著影响，可能原因在于政府行为具有两面性，其内在的正负效应已经相互抵消，而基础设施对全要素生产率的影响存在门槛效应，中国现阶段基础设施水平可能没有达到对应的门槛值；④经济增长、创业活动、首次公开发行以及社会信息共享等因素有助于增加中国风险投资活动强度，劳动力市场刚性则抑制了中国风险投资活动强度增加，外资、国有和民营风险投资与外部环境因素之间的关系不尽相同。

7.2 相关政策建议

2016 年，中共中央、国务院发布了《国家创新驱动发展战略纲要》；"创新驱动发展战略深入实施，创业创新蓬勃发展，全要素生产率明显提高"被列为"十三五"期间经济社会发展的主要目标；"十三五"规划指出，用改革的办法推进结构调整，加大重点领域关键环节市场化改革力度，调整各类扭曲的政策和制度安排，完善公平竞争、优胜劣汰的市场环境和机制，最大限度地激发微观活力，优化要素配置，推动产业结构升级，扩大有效和中高端供给，增强供给结构适应性和灵活性，提高全要素生产率。在国家战略规划引导下，根据本研究研究结论，提出如下建议。

第一，以全面创新管理为主要抓手，双轮驱动全要素生产率增长。既然中国全要素生产率增长呈现出技术进步单轮驱动模式，那么未来在统筹推进以产品和工艺要素为核心的技术创新的基础之上，还要抓好以制度、组织和管理要素为主的非技术创新，实现以技术进步带动和促进技术效率改善的局面，逐步使全要素生产率的增长转向双轮驱动模式。具体来讲，一是要强化科技创新引领作用，加速科技成果转移转化。既要夯实基础研究和原始创新，又要注重提升科技成果转化率，使科技成果能够真正转化为现实生产力，以企业为主体推进产业技术创新联盟建设，推动跨领域跨行业协同创新。二是坚持引进和吸收国外先进技术，加快企业技术升级改造，提高产品技术含量和附加值[1]。三是要全面深化市场化改革，积极推进制度创新。完善市场准入和退出机制，通过市场竞争淘汰低效率企业，加快落实"僵尸企业"清理工作，使高效率企业得以发展壮大，形成真正能够激发"创造性破坏"的环境。推进国有企业混合所有制改革，引入市场机制倒逼国有企业提高经营效率，将闲置生产要素和技术资源从国有部门释放出来。此外，各级政府应进一步理顺政府与市场关系，发挥市场资源配置的基础作用，并把工作重点转向公共服务领域，加快由"管理者"向"服务者"角色转变，释放其在全要素生产率增长中的积极作用。

第二，优化调整风险投资供给结构，提升风险投资整体经济效益。从国家层面来讲，既然风险投资有助于提升国家全要素生产率水平，那么未来必然要增加风险投资供给规模。然而，不同背景的风险投资在提升全要素生产率过程中还存在效率差异，所以风险投资供给不能仅停留

---

[1] 正如刘世锦（2016）指出，虽然中国整体技术水平有了较大进步，而且在高速铁路、量子通信等技术领域已经处于全球领先水平，但是在精密电子仪器、生物医药等领域与发达国家依旧存在一定差距，未来可以通过引进这些尖端领域技术提升国家全要素生产率水平。

在数量层面，还需要以效率为导向优化风险投资供给结构，努力提高其对全要素生产率的边际贡献。具体而言，一是确立民营风险投资主体地位，释放民营风险投资效率优势。未来可以利用分级税收优惠或者财政补贴等激励性政策，鼓励民营资本积极参与风险投资并进行早期创业项目投资，并放宽民营风险投资市场和行业准入限制，确立以民营资本为主的供应体系，以其特有的"鲶鱼效应"来激发市场活力。二是要适度引进外资风险投资，发挥外资风险投资的规模优势。"稳增长"是当前经济改革的首要任务，虽然外资风险投资的相对效率较低，但是它的整体基数大、规模效应突出，所以短期内依旧需要持续引进外资风险投资，利用其规模效应来稳定全要素生产率增长。三是推动国有风险投资市场化运作，破除国有风险投资效率困境。关键在于减少行政性管理手段，突出市场化运营目标，推行基金董事会决策、职业经理人以及薪酬激励制度，也可以鼓励民营资本参与国有风险投资改制改组，实现各种所有制资本取长补短、相互促进的局面。

第三，贯彻实施地区分类引导策略，提升风险投资区域配置效率。从区域层面来讲，既然不同背景的风险投资对全要素生产率作用路径存在依赖性，那么未来就需要依据中国省际全要素生产率增长路径动态演化，按照经济学中的"水桶效应"原则，引导地方政府优先发展或者引进能够补齐短板的风险投资，使全要素生产率增长转向双轮驱动。具体来讲，对于全要素生产率增长以技术进步为主要来源的北京、上海以及江浙地区而言，在继续利用好外资风险投资的基础上，应优先鼓励和培育民营风险投资发展，利用其比较优势补齐它们在全要素生产率增长过程中的效率短板。相比之下，对于全要素生产率增长以技术效率为主要来源的西藏、青海以及海南等中西部地区而言，在支持发展民营风险投资的基础上，应优先引进和利用外资风险投资，以及时补齐它们在全要素生产率增长过程中的技术短板。需要说明的是，由于西藏、青海等中西部地区在吸引外资风险投资过程中存在明显的区位劣势，这就要求国有风险投资应该从政策上更多地向这些欠发达地区倾斜，但要注意消除国有风险投资的负面影响。此外，由于中国各省市自治区全要素生产率增长模式并非一成不变，所以这是个动态匹配的过程，未来需要做出及时调整。

第四，审慎推进资本账户开放，谨防结构变动质量损失。既然资本账户开放有助于增加国内资本积累，而且能够显著提升全要素生产率水平，那么未来必然要进一步深化资本账户开放。然而，资本账户开放对风险投资市场的影响具有两面性，我们在充分释放 QFLP、RQFLP 等对外开放政策的红利的过程中，还需要注意根据实际情况做出优化调整，及时消除大量外资风险投资进入引起的市场结构质量损失。具体而言：一是要纠正对外资的盲目崇拜，合理地利用外资风险投资。尽管外资风险投资有助于提升全要素生产率水平，但它同时在改善技术效率方面存在劣势，未来应正视外资风险投资的特点，因地制宜地发挥外资风险投资的长处，并注意摆脱对外资的过度依赖；二是逐步取消诸如税收优惠、超国民待遇等外资倾斜性政策，重点从投资便利化、放宽市场准入、知识产权保护等制度环境入手，营造一个更加公平、透明、便利的投资环境，形成吸引和利用外资的新引擎；三是要积极引导外资和本土风险投资机构展开合作，形成优势互补、合作共赢的局面。外资、国有和民营风险投资在提升全要素生产率过程中各有优势，所以未来应积极引导外资和本土风险投资机构合作，同时也要注意提升本土风险投资机构的学习能力，尽快形成以外资带动本土风险投资发展、全要素生产率增长的双赢局面。

需要说明的是，全要素生产率增长动力不仅仅来源于风险投资、创新活动和资本账户开放，还来源于人力资本建设和城市化进程等各个方面，未来应多举措并举追求高质量发展，全面提升全要素生产率水平。一是要提升人力资本禀赋。在继续增加高等教育投入的基础上，也要充分重视基础教育、职业教育以及专科教育，积极推进农民工培训和素质提高工作，通过教育深化满足社会多层次用工需求；通过社会、养老等保障制度安排创造新的储蓄源泉，扩大人口老龄化时期的人力资本存量；鼓励高校、科研院所等事业单位的科研人员在完成本职工作的前提下，通过产学研合作形式推动科技成果产业化，提升人力资本的利用效率。二是要加快推进城市化进程。如加强城市基础设施建设，优化城市产业结构和空间布局，增强城市公共服务供给和基础承载能力，进一步完善城市就业服务、医疗教育、社会保险和住房保障体系，妥善解决已经处在流动状态的农村转移劳动力的住房、医疗、就业以及子女教育问题，避免农民工季节性倒流引起城市用工短缺，继而产生"逆库兹涅茨现象"。

7.3 未来工作方向

在资本账户开放背景下，本研究从异质性视角重新审视了中国风险投资与全要素生产率之间的内在联系，所得结论不仅有助于解释以往经验研究之间的冲突，还能为优化风险投资结构质量和区域配置提供指导，同时便于明确未来改革调整的方向。然而，由于研究方法和指标数据的限制，本研究也还存在着一些局限，未来可沿着以下几个方向拓展。

第一，全要素生产率估算结果精度有待进一步提高。本研究立足于中国经济发展现状，选择了 DEA-Malmquist 指数法估算各省市自治区全要素生产率，尽管可以规避函数误设问题可能带来的估算偏差，但还是不可避免地会受到要素投入和产出测量误差干扰。经过与其他学者测算结果对比分析，我们初步确认了本研究估算结果的可靠性，但在生产要素投入和经济产出测量上依旧存在改进空间。首先，在固定资本存量测算方面，国内外学者对资本折旧率取值存在较大分歧，本研究借鉴张健华和王鹏（2012）[261]的研究，采用了改良式的折旧率算法，但折旧率与现实情况依旧存在一定偏差。其次，在劳动要素投入方面，由于1979—1988 年中国各省市自治区劳动力人口受教育年限统计数据存在缺失，本研究选用全社会从业人员数作为劳动投入变量，在估算全要素生产率的过程中并没有考虑劳动力的质量问题。另有学者在估算中国全要素生产率的过程中，把能源环境因素纳入了要素投入和产出核算范围，并提出了绿色全要素生产率（Green Total Factor Productivity）的概念，但他们在能源消耗和污染排放指标测算上尚未形成统一的参考标准。随着中国资源环境问题日益加剧，"绿色发展"将成为中国经济发展的新方向，未来在提高固定资本和劳动要素测量精度的前提下，进一步规范能源消耗和环境污染排放指标测度方法，尽快把能源消耗和环境污染问题科学地纳入要素核算范围，使全要素生产率估算结果更加贴近现实情况。

第二，风险投资对全要素生产率影响机制有待进一步验证。本研究以"熊彼特创新"为理论内核，结合《奥斯陆手册：创新数据采集和解释指南（第3版）》中的创新分类标准，构建了"风险投资—技术创新/非技术创新—技术进步/技术效率—全要素生产率"的理论框架，并尝试采集数据指标对此进行验证性分析。遗憾的是，实践中创新活动是难以全面测量的，尤其是非技术创新测度的研究进展相对滞后。《全国企业创新调查年鉴（2017）》虽然公布了各省市自治区实施市场创新和营销创新的企业数量，但是并未披露企业市场创新和营销创新具体信息，而且数据年限跨度相对较小，暂时还无法满足非技术创新变量测度的数据要求。鉴于数据可得性，本研究以"产品创新"作为技术创新代理变量，从理论和经验层面检验了"风险投资—技术创新—技术进步—全要素生产率"的传导机制，"风险投资—非技术创新—技术效率—全要素生产率"还有待实证检验。因此，未来可从全面创新管理（TIM）理论出发：首先设计一套覆盖全要素的创新活动评价指标体系，包含以产品和工艺要素为主的技术创新，以及以组织管理、资源配置和制度要素等为主的非技术创新；其次，参考欧盟和全国企业创新调查的工作经验，以中国工业企业为样本进行抽样调查，得到相关基础指标数据；最后，采用主成分分析或者因子分析等方法测算各省市自治区创新综合指数，以及各个维度的创新指数，在此基础上进一步验证风险投资对全要素生产率的影响机制。

第三，资本账户开放的研究范畴有待进一步扩展深化。在国际资本账户平衡表中，资本与金融项目包括直接投资、证券投资和其他投资项目①。考虑到合格境外有限合伙人（QFLP）、人民币合格境外有限合伙人（RQFLP）制度是针对外商股权投资企业设立的，它们在资本账户中属于直接投资项目，本研究将资本账户开放限定在了直接投资项目范畴，并验证了其对风险投资活动强度、边际效率以及全要素生产率的潜在影响。虽然人民币资本项目可兑换尚处在探索阶段，但证券市场、其他投资项目的开放程度持续增加。因此，未来在考察资本账户开放的经济效应时，不能再仅仅关注直接投资项目领域，应该把目光逐渐转向证券投资和其他投资项目领域。

对于控制变量中自主研发活动和政府行为在提升全要素生产率过程中的"失灵问题"，本研究仅从理论层面给出了一些解释，未来可以结合相关数据指标，从经验层面对此进行验证性分析。对于自主研发活动而言，可以借鉴严成樑和龚六堂（2013）[413]、成力为和李翘楚（2017）[414]的研究，按照执行部门或者支出用途从研发投入结构入手，也可以从科技成果转化效率的角度剖析失灵原因。对于政府行为而言，可以参考习亚哲和温立洲（2018）[415]的研究，按照科学技术、文化教育以及公共服务等具体分项来考察政府行为对全要素生产率的潜在影响，并把关注焦点从政府支出规模转向支出结构。此外，本研究选择从市场化进程角度来衡量制度质量，未来既可以进一步深入挖掘国有企业市场化改革、利率市场化改革的经济效应，也可以转向其他制度改革，如商事制度、知识产权保护、城乡收入分配以及财税体制等层面（薛有志等，2014）[416]。另外需要注意的是，由于部分统计年鉴数据更新存在一定滞后期，本研究的样本数据仅更新到2015年，未来应该及时做出调整和补充。

---

① 资本账户是国际收支表的重要组成部分。国际货币基金组织最新发布的《国际收支手册（第6版）》中，原有的"资本账户"已改为"资本与金融账户"，但依旧有部分学者沿用"资本账户"的称谓。

参考文献

[1] 蔡昉.中国经济增长如何转向全要素生产率驱动型[J].中国社会科学,2013(1):56-71.

[2] 刘世锦.中国经济增长十年展望(2015—2024):攀登效率高地[M].1版.北京:中信出版社,2015.

[3] 吴敬琏.努力确立中国经济新常态[J].中国经济报告,2015(4):18-23.

[4] 青木昌彦.对中国经济新常态的比较经济学观察[J].比较,2015(2):1-10.

[5] 白重恩,张琼.中国经济减速的生产率解释[J].比较,2014(4):1-16.

[6] 余泳泽.改革开放以来中国经济增长动力转换的时空特征[J].数量经济技术经济研究,2015(2):19-34.

[7] Solow R M. Technical Change and the Aggregate Production Function [J]. The Review of Economics and Statistics, 1957, 39 (3): 312-320.

[8] Aghion P, Griffith R. Competition and Growth: Reconciling Theory and Evidence [M]. Cambridge: MIT Press, 2008.

[9] Aghion P, Cette G. Enhancing Productivity Growth [A]. In Yusuf S, Leipziger D. The Growth Dialogue: How Economies Grow [C]. Washington DC: The Growth Dialogue Press, 2014.

[10] Koch W. Bank-Based Versus Market-Based Finance as Appropriate Institution [R]. Mimeo, Université du Québec à Montréal (UQAM), 2014.

[11] Fabrizio C, Nigel D, Sarmistha P, et al. Excess Leverage and Productivity Growth in Emerging Economies: Is There a Threshold Effect [R]. Institute for the Study of Labour, IZA Discussion Paper, 2010.

[12] 陆婷,余永定.中国企业债对GDP比的动态路径[J].世界经济,2015(5):3-16.

[13] Beck T, Demirgüç-Kunt A, Maksimovic V. Financing Patterns Around the World: Are Small Firms Different? [J]. Journal of Financial Economics, 2008, 89(3): 467-487.

[14] 马秋君. 我国科技型中小企业融资困境及解决对策探析 [J]. 科学管理研究, 2013, 31 (2): 113-116.

[15] Kortum S, Lerner J. Assessing the Contribution of Venture Capital to Innovation [J]. Rand Journal of Economics, 2000, 31 (4): 674-692.

[16] 苟燕楠, 董静. 风险投资背景对企业技术创新的影响研究 [J]. 科研管理, 2014, 35 (2): 35-42.

[17] Yan A, Hübner G, Lobet F. How Does Governmental Versus Private Venture Capital Backing Affect a Firm's Efficiency? Evidence from Belgium [J]. Journal of Business Venturing, 2015, 30 (4): 508-525.

[18] Etzkowitz A, Etzkowitz H. Counter-cyclical Public Venture Capital: Debt-funding as an Anti-austerity Innovation Strategy [J]. Social Science Information, 2017, 56 (3): 477-495.

[19] Agosin M R, Machado R. Foreign Investment in Developing Countries: Does it Crowd in Domestic Investment? [J]. Oxford Development Studies, 2005, 33(2): 149-162.

[20] Galindo A, Schiantarelli F, Weiss A. Does Financial Liberalization Improve the Allocation of Investment: Micro Evidence from Developing Countries [J]. Journal of Development Economics, 2007, 83 (2): 562-587.

[21] 罗长远. FDI 与国内资本:挤出还是挤入 [J]. 经济学(季刊), 2007, 6(2): 381-400.

[22] 彭红枫, 鲁维洁. 外商直接投资的动态挤入挤出效应——基于全国及地区差异的分析和检验 [J]. 世界经济研究, 2011 (2): 59-64.

[23] 林毅夫. 我为什么不支持资本账户开放 [N]. 21 世纪经济报道, 2013-08-05.

[24] 余永定. 资本项目自由化:理论和实践 [J]. 金融市场研究, 2014 (2): 4-14.

[25] 杨小海, 刘红忠, 王弟海. 中国应加速推进资本账户开放吗——基于 DSGE 的政策模拟研究 [J]. 经济研究, 2017 (8).

[26] Hernán H E, Jerry H, Benavides E B J. Foreign Investment, Institutional Quality, Public Expenditure and Activity of Venture Capital Funds in Emerging Market Countries [J]. Global Economy Journal, 2014, 14 (2): 127–162.

[27] Färe R, Grosskopf S, Lindgren B, et al. Productivity Developments in Swedish Hospitals: A Malmquist Output Index Approach [C]. Data Envelopment Analysis: Theory, Methodology and Applications [M]. Netherlands: Springer, 1994.

[28] Hodrick R J, Prescott E C. Postwar US Business Cycles: An Empirical Investigation [J]. Journal of Money, Credit and Banking, 1997, 29(1): 1-16.

[29] Quah D. Galton's Fallacy and Tests of the Convergence Hypothesis [J]. The Scandinavian Journal of Economics, 1993 (1): 427-443.

[30] LeSage J P. Spatial Econometric Panel Data Model Specification: A Bayesian Approach [J]. Spatial Statistics, 2014 (9): 122-145.

[31] LeSage J P. Software for Bayesian Cross Section and Panel Spatial Model Comparison [J]. Journal of Geographical Systems, 2015, 17 (4): 297-310.

[32] Schumpeter J A. The Theory of Economic Development: An Inquiry into Profits, Capital, Credit, Interest and the Business Cycle [M]. New York: Transaction Publishers, 1934.

[33] Schumpeter J A. The Creative Response in Economic History [J]. Journal of Economic History, 1947, 7 (2): 149-159.

[34] Quesnay F. The Economic Table-tableau Economique [M]. New York: Gordon Press, 1766.

[35] Tinbergen J. Annual Survey: Suggestions on Quantitative Business Cycle Theory [J]. Econometrica, 1935, 3 (3): 241-308.

[36] Kendrick J W, Jones C E. Gross National Farm Product in Constant Dollars, 1910—1950 [J]. Survey of Current Business, 1951, 31 (9): 13-19.

[37] Kendrick J W. National Productivity and its Long-term Projection [R]. NBER Working Paper, 1954.

[38] Kendrick J W. Productivity Trends: Capital and Labor [R]. NBER Working Paper, 1956.

[39] Davis H S. Productivity Accounting [R]. Industrial Research Unit, Wharton School, University of Pennsylvania, 1955.

[40] Denison E F. European Economic Growth and the US Postwar Record: Highlights of Why Growth Rates Differ: Postwar Experience in Nine Western Countries [M]. Washington: Brookings Institution, 1962.

[41] Abramovitz M. Resource and Output Trends in the United States Since 1870 [J]. American Economic Review Papers and Proceedings, 1956 (46): 1-23.

[42] Denison E F, Jorgenson D W, Griliches Z. Some Major Issues in Productivity Analysis: An Examination of Estimates by Jorgenson and Griliches [M]. Office of Business Economics, Department of Commerce, 1969.

[43] Griliches Z, Jorgenson D W. Sources of Measured Productivity Change: Capital Input [J]. The American Economic Review, 1966, 56 (1/2): 50-61.

[44] Jorgenson D W, Griliches Z. The Explanation of Productivity Change [J]. The

Review of Economic Studies, 1967, 34（3）: 249-283.

[45] Greene W H. Maximum Likelihood Estimation of Econometric Frontier Functions [J]. Journal of Econometrics, 1980, 13（1）: 27-56.

[46] Jondrow J, Lovell C A K, Materov I S, et al. On the Estimation of Technical Inefficiency in the Stochastic Frontier Production Function Model [J]. Journal of Econometrics, 1982, 19（2-3）: 233-238.

[47] Battese G E, Coelli T J. Prediction of Firm-level Technical Efficiencies with a Generalized Frontier Production Function and Panel Data [J]. Journal of Econometrics, 1988, 38（3）: 387-399.

[48] Battese G E, Coelli T J. A Model for Technical Inefficiency Effects in a Stochastic Frontier Production Function for Panel Data [J]. Empirical Economics, 1995, 20（2）: 325-332.

[49] Schmidt P. Frontier Production Functions [J]. Econometric Reviews, 1985, 4（2）: 289-328.

[50] Kumbhakar S C, Ghosh S, McGuckin J T. A Generalized Production Frontier Approach for Estimating Determinants of Inefficiency in US Dairy Farms [J]. Journal of Business & Economic Statistics, 1991, 9（3）: 279-286.

[51] Bauer P W. Recent Developments in the Econometric Estimation of Frontiers [J]. Journal of Econometrics, 1990, 46（1）: 39-56.

[52] Kalirajan K P, Obwona M B, Zhao S. A Decomposition of Total Factor Productivity Growth: the Case of Chinese Agricultural Growth Before and After Reforms [J]. American Journal of Agricultural Economics, 1996, 78（2）: 331-338.

[53] Charnes A, Cooper W W, Rhodes E. Measuring the Efficiency of Decision Making Units [J]. European Journal of Operational Research, 1978, 2（6）: 429-444.

[54] Banker R D, Charnes A, Cooper W W. Some Models for Estimating Technical and Scale Inefficiencies in Data Envelopment Analysis [J]. Management Science, 1984, 30（9）: 1078-1092.

[55] Caves D W, Christensen L R, Diewert W E. The Economic Theory of Index Numbers and the Measurement of Input, Output and Productivity [J]. Econometrica: Journal of the Econometric Society, 1982, 50（6）: 1393-1414.

[56] Färe R, Grosskopf S, Lovell C A K, et al. Multilateral Productivity Comparisons when Some Outputs are Undesirable: A Nonparametric Approach [J]. The

Review of Economics and Statistics, 1989, 71 (1): 90-98.

[57] Färe R, Grosskopf S, Norris M, et al. Productivity Growth, Technical Progress and Efficiency Change in Industrialized Countries [J]. The American Economic Review, 1994, 84 (1): 66-83.

[58] Grifell-Tatjé E, Lovell C A K. A Note on the Malmquist Productivity Index [J]. Economics Letters, 1995, 47 (2): 169-175.

[59] Ray S C, Desli E. Productivity Growth, Technical Progress and Efficiency Change in Industrialized Countries: Comment [J]. The American Economic Review, 1997, 87 (5): 1033-1039.

[60] Maudos J, Pastor J M, Serrano L. Total Factor Productivity Measurement and Human Capital in OECD Countries [J]. Economics Letters, 1999, 63 (1): 39-44.

[61] 张军, 施少华. 中国经济全要素生产率变动: 1952—1998 [J]. 世界经济文汇, 2003 (2): 17-24.

[62] 郭庆旺, 贾俊雪. 中国全要素生产率的估算: 1979—2004 [J]. 经济研究, 2005 (6): 51-60.

[63] 孙琳琳, 任若恩. 中国资本投入和全要素生产率的估算 [J]. 世界经济, 2005 (12): 3-13.

[64] 王争, 郑京海, 史晋川. 中国地区工业生产绩效: 结构差异、制度冲击及动态表现 [J]. 经济研究, 2006 (11): 14-26.

[65] 涂正革, 肖耿. 中国工业增长模式的转变——大中型企业劳动生产率的非参数生产前沿动态分析 [J]. 管理世界, 2006 (10): 27-39.

[66] 王兵, 颜鹏飞. 技术效率、技术进步与东亚经济增长——基于APEC视角的实证分析 [J]. 经济研究, 2007 (5): 91-103.

[67] 徐晔, 张秋燕. 中国高技术产业各行业资源配置效率的实证研究——基于DEA-Malmquist指数方法 [J]. 当代财经, 2009 (12): 74-79.

[68] 刘秉镰, 李清彬. 中国城市全要素生产率的动态实证分析 (1990—2006): 基于DEA模型的Malmquist指数方法 [J]. 南开经济研究, 2009 (3): 139-152.

[69] 沈悦, 郭品. 互联网金融、技术溢出与商业银行全要素生产率 [J]. 金融研究, 2015 (3): 160-175.

[70] 张军. 省域内欠发达地区经济增长因素研究——基于粤东、西、北面板数据的计量分析 [J]. 开发研究, 2015 (6).

[71] Arrow K. The Economic Implication of Learning by Doing [J]. Review of Economics & Statistics, 1962 (29).

[72] Lucas R E. On the Mechanics of Economic Development [J]. Journal of

Monetary Economics, 1988, 22(1): 3-42.

[73] Barro R J. Economic Growth in a Cross Section of Countries [J]. Quarterly Journal of Economics, 1991, 106(2): 407-43.

[74] Romer P. Endogenous Technological Change [R]. National Bureau of Economic Research, 1986.

[75] MacDougall G D A. The Benefits and Costs of Private Investment from Abroad: A Theoretical Approach [J]. Bulletin of the Oxford University Institute of Economics & Statistics, 1960, 22(3): 189-211.

[76] Grossman GM, Helpman E. Trade, Knowledge Spillovers and Growth [J]. European Economic Review, 1991, 35(2): 517-526.

[77] Edwards S. Openness, Productivity and Growth: What do we Really Know [J]. The Economic Journal, 1998, 108(447): 383-398.

[78] North Cecil D. Institutions, Institutional Change and Economic Performance [M]. London: Cambridge University Press, 1990.

[79] Stern N. The Determinants of Growth [J]. The Economic Journal, 1991, 101(404): 122-133.

[80] George Van Leeuwen, Luuk Klomp. On the Contribution of Innovation to Multi-factor Productivity Growth [J]. Economics of Innovation & New Technology, 2006, 15(5): 367-390.

[81] 余泳泽,张先轸. 要素禀赋、适宜性创新模式选择与全要素生产率提升 [J]. 管理世界, 2015(9): 13-31.

[82] Los B, Verspagen B. R&D Spillovers and Productivity: Evidence from U.S. Manufacturing Microdata [J]. Empirical Economics, 2000, 25(1): 127-148.

[83] 程惠芳,陆嘉俊. 知识资本对工业企业全要素生产率影响的实证分析 [J]. 经济研究, 2014(5): 174-187.

[84] Miller S M, Upadhyay M P. The Effects of Openness, Trade Orientation and Human Capital on Total Factor Productivity [J]. Journal of Development Economics, 2000, 63(2): 399-423.

[85] 魏下海. 贸易开放、人力资本与全要素生产率的动态关系——基于非参数Malmquist指数与VAR方法 [J]. 世界经济研究, 2009(3): 11-17.

[86] 毛其淋,盛斌. 对外经济开放、区域市场整合与全要素生产率 [J]. 经济学(季刊), 2012, 11(1): 181-210.

[87] Mujeri M K. Changes in Policy Framework and Total Factor Productivity Growth in Bangladesh [J]. Bangladesh Development Studies, 2004, 30(3/4): 1-29.

[88] 谢菲，尹宗成. 制度变迁与全要素生产率——基于 2000—2008 年省际面板数据的实证分析 [J]. 技术经济，2011，30（3）：91-95.

[89] 樊纲，王小鲁，马光荣. 中国市场化进程对经济增长的贡献 [J]. 经济研究，2011（9）：4-16.

[90] 赵文军，于津平. 市场化进程与我国经济增长方式——基于省际面板数据的实证研究 [J]. 南开经济研究，2014（3）：3-22.

[91] 魏下海，王岳龙. 城市化、创新与全要素生产率增长——基于省际面板数据的经验研究 [J]. 财经科学，2010（3）：69-76.

[92] Schumpeter J A. Business Cycles [M]. New York：McGraw-Hill，1939.

[93] Schumpeter J A. Capitalism, Socialism and Democracy [M]. Routledge，1942.

[94] Aghion P, Howitt P. A Model of Growth Through Creative Destruction [J]. Econometrica，1992，60（2）：323-351.

[95] Aghion P, Howitt P, Brant-Collett M, et al. Endogenous Growth Theory [M]. London：MIT Press，1998.

[96] Grossman G M, Helpman E. Innovation and Growth in the Global Economy [M]. London：MIT Press，1993.

[97] Solo C S. Innovation in the Capitalist Process：A Critique of the Schumpeterian Theory [J]. Quarterly Journal of Economics，1951，65（3）：417-428.

[98] Mansfield E. Industrial Research and Technological Innovation：An Econometric Analysis [J]. Economica，1968，38（149）：676.

[99] Enos J L. Petroleum, Progress and Profits：A History of Process Innovation [M]. London：MIT Press，1962.

[100] Freeman C. Science and Technology in Economic Growth [M]. London：Palgrave Macmillan，1973.

[101] Mueser R. Identifying Technical Innovations [J]. Engineering Management IEEE Transactions，1985，EM-32（4）：158-176.

[102] 傅家骥. 技术创新学 [M]. 1 版. 北京：清华大学出版社，1998.

[103] Henderson R M, Clark K B. Architectural Innovation：The Reconfiguration of Existing Product Technologies and the Failure of Established Firms [J]. Administrative Science Quarterly，1990，35（1）：9-30.

[104] Mortensen P S, Bloch C W. Oslo Manual-Guidelines for Collecting and Interpreting Innovation Data [M]. Organisation for Economic Cooporation and Development，OECD，2005.

[105] 吴晓波，胡松翠，章威. 创新分类研究综述 [J]. 重庆大学学报（社会科学

版), 2007, 13 (5): 35-41.

[106] Dewar R D, Dutton J E. The Adoption of Radical and Incremental Innovations: An Empirical Analysis [J]. Management Science, 1986, 32 (11): 1422-1433.

[107] Forés B, Camisón C. Does Incremental and Radical Innovation Performance Depend on Different Types of Knowledge Accumulation Capabilities and Organizational Size [J]. Journal of Business Research, 2016, 69 (2): 831-848.

[108] 易余胤, 盛昭瀚, 肖条军. 企业自主创新、模仿创新行为与市场结构的演化研究 [J]. 管理工程学报, 2005, 19 (1): 14-18.

[109] 吴翌琳. 技术创新与非技术创新对就业的影响研究 [J]. 统计研究, 2015, 32 (11): 59-64.

[110] Griliches Z. Patent Statistics as Economic Indicators: A Survey [J]. Journal of Economic Literature, 1990, 28 (4): 1661-1707.

[111] Trajtenberg M. A Penny for Your Quotes: Patent Citations and the Value of Innovations [J]. Rand Journal of Economics, 1990, 21 (1): 172-187.

[112] Archibugi D. Patenting as an Indicator of Technological Innovation: A Review [J]. Science and Public Policy, 1992, 19 (6): 357-368.

[113] Archibugi D, Planta M. Measuring Technological Change Through Patents and Innovation Surveys [J]. Technovation, 1996, 16 (9): 451-519.

[114] Soete L. The Impact of Technological Innovation on International Trade Patterns: the Evidence Reconsidered [J]. Research Policy, 1987, 16 (2-4): 101-130.

[115] R Katz. The Human Side of Managing Technological Innovation: A Collection of Readings [M]. Oxford University Press, 1997.

[116] Brouwer E, Kleinknecht A. Measuring the Unmeasurable: A Country's Non-R&D Expenditure on Product and Service Innovation [J]. Research Policy, 1997, 25 (8): 1235-1242.

[117] 徐侠, 孙颖. 非技术创新国内外研究进展述评 [J]. 科技管理研究, 2016, 36 (3): 165-170.

[118] 李勇辉, 袁旭宏, 潘爱民. 企业非技术创新理论研究动态 [J]. 经济学动态, 2016 (5): 121-129.

[119] 范承泽, 胡一帆, 郑红亮. FDI 对国内企业技术创新影响的理论与实证研究 [J]. 经济研究, 2008 (1): 89-102.

[120] 冯根福, 温军. 中国上市公司治理与企业技术创新关系的实证分析 [J]. 中国工业经济, 2008 (7): 91-101.

[121] 余泳泽. 中国区域创新活动的"协同效应"与"挤占效应"——基于创新价

值链视角的研究［J］.中国工业经济，2015（10）：37-52.

［122］罗思平，于永达.技术转移、"海归"与企业技术创新——基于中国光伏产业的实证研究［J］.管理世界，2012（11）：124-132.

［123］崔维军，郑伟.中国与主要创新经济体创新能力的国际比较：基于欧盟创新指数的分析［J］.中国软科学，2012（2）：42-51.

［124］郑刚，朱凌，陈悦.中国创新地图——基于文献计量学的我国创新管理研究力量分布研究［J］.科学学研究，2008，26（2）：442-448.

［125］吴晓云，张欣妍.企业能力、技术创新和价值网络合作创新与企业绩效［J］.管理科学，2015，28（6）：12-26.

［126］Howitt P, Aghion P. Capital Accumulation and Innovation as Complementary Factors in Long-Run Growth［J］. Journal of Economic Growth, 1998, 3(2): 111-130.

［127］Pakes A, Griliches Z. Patents and R&D at the Firm Level: A First Report［J］. Economics Letters, 1984, 5(4): 377-381.

［128］Crépon B, Duguet E, Mairessec J. Research, Innovation and Productivity: An Econometric Analysis at the Firm Level［J］. Economics of Innovation and New Technology, 1998, 7(2): 115-158.

［129］Bosma N, Stam E, Schutjens V. Creative Destruction and Regional Productivity Growth: Evidence from the Dutch Manufacturing and Services Industries［J］. Small Business Economics, 2011, 36(4): 401-418.

［130］Geldes C, Felzensztein C, Palacios-Fenech J. Technological and Non-technological Innovations, Performance and Propensity to Innovate Across Industries: The Case of an Emerging Economy［J］. Industrial Marketing Management, 2017, (61): 55-66.

［131］刘晔，张训常，蓝晓燕.国有企业混合所有制改革对全要素生产率的影响——基于PSM-DID方法的实证研究［J］.财政研究，2016（10）：63-75.

［132］Mohnen P, Hall B H. Innovation and Productivity: An Update［J］. Eurasian Business Review, 2013, 3(1): 47-65.

［133］Florida R L, Kenney M. Venture Capital, High Technology and Regional Development［J］. Regional Studies, 1988, 22(1): 33-48.

［134］Florida R, Smith D F. Venture Capital, Innovation and Economic Development［J］. Economic Development Quarterly, 1990, 4(4): 345-360.

［135］Florida R, Samber M. Capital and Creative Destruction: Venture Capital, Technological Change and Economic Development［J］. Working Paper, 1994.

[136] Greenwood J, Jovanovic B. The Information-Technology Revolution and the Stock Market [J]. American Economic Review, 1999, 89 (2): 116-122.

[137] Sahlman W A. The Structure and Governance of Venture-Capital Organizations [J]. Journal of Financial Economics, 1990, 27 (2): 473-521.

[138] 成思危. 积极稳妥地推进我国的风险投资事业 [J]. 管理世界, 1999 (1): 2-7.

[139] Jeng L A, Wells P C. The Determinants of Venture Capital Funding: Evidence Across Countries [J]. Journal of Corporate Finance, 2000, 6 (3): 241-289.

[140] Pruthi S, Wright M, Lockett A. Do Foreign and Domestic Venture Capital Firms Differ in Their Monitoring of Investees? [J]. Asia Pacific Journal of Management, 2003, 20 (2): 175-204.

[141] Liu M M, Zhang J A, Hu B. Domestic VCs Versus Foreign VCs: A Close Look at the Chinese Venture Capital Industry [J]. International Journal of Technology Management, 2006, 34 (2): 161-184.

[142] Grilli L, Murtinu S. Government, Venture Capital and the Growth of European High-Tech Entrepreneurial Firms [J]. Research Policy, 2014, 43 (9): 1523-1543.

[143] Cumming D J, Grilli L, Murtinu S. Governmental and Independent Venture Capital Investments in Europe: A Firm-Level Performance Analysis [J]. Journal of Corporate Finance, 2014.

[144] Leleux B, Surlemont B. Public Versus Private Venture Capital: Seeding or Crowding Out? A Pan-European Analysis [J]. Journal of Business Venturing, 2003, 18 (1): 81-104.

[145] Lerner J, Watson B. The Public Venture Capital Challenge: The Australian Case [J]. Venture Capital, 2008, 10 (1): 1-20.

[146] Brander J A, Du Q, Hellmann T. The Effects of Government-Sponsored Venture Capital: International Evidence [J]. Review of Finance, 2015, 19 (2): 571-618.

[147] Zhang Y, Mayes D G. The Performance of Governmental Venture Capital Firms: A Life Cycle Perspective and Evidence from China [J]. Pacific-Basin Finance Journal, 2018, (48): 162-185.

[148] 张学勇, 廖理. 风险投资背景与公司 IPO: 市场表现与内在机理 [J]. 经济研究, 2011 (6): 118-132.

[149] 杨大楷, 陈伟. 风险投资背景对我国创业板 IPO 影响分析 [J]. 同济大学学报: 社会科学版, 2012 (5): 106-116.

[150] 马嫣然,蔡建峰,王淼.风险投资背景、持股比例对初创业企业技术创新产出的影响[J].科技进步与对策,2018,35(15):1-8.

[151] 许昊,万迪昉,徐晋.风险投资背景、持股比例与初创企业研发投入[J].科学学研究,2015,33(10):1547-1554.

[152] Hellmann T, Puri M. Venture Capital and the Professionalization of Startup Firms: Empirical Evidence [J]. The Journal of Finance, 2002, 57 (1): 169-197.

[153] Engel D, Keilbach M. Firm-Level Implications of Early Stage Venture Capital Investment: An Empirical Investigation [J]. Journal of Empirical Finance, 2007, 14 (2): 150-167.

[154] 黄艺翔,姚铮.风险投资对上市公司研发投入的影响——基于政府专项研发补助的视角[J].科学学研究,2015,33(5):674-682.

[155] Maula M, Autio E, Murray G. Corporate Venture Capitalists and Independent Venture Capitalists: What do They Know, Who do They Know and Should Entrepreneurs Care? [J]. Venture Capital: An International Journal of Entrepreneurial Finance, 2005, 7 (1): 3-21.

[156] 蔡地,陈振龙,刘雪萍.风险投资对创业企业研发活动的影响研究[J].研究与发展管理,2015,27(5):1-11.

[157] Bonini S, Alkan S. The Political and Legal Determinants of Venture Capital Investments Around the World [J]. Small Business Economics, 2012, 39(4): 997-1016.

[158] 涂红,刘月.中国风险资本市场发展的决定因素:基于分地区面板数据的经验分析[J].南开经济研究,2014(2):76-98.

[159] Ning Y, Wang W, Yu B. The Driving Forces of Venture Capital Investments [J]. Small Business Economics, 2015, 44 (2): 315-344.

[160] 姚丽,郭永济.风险投资对于区域技术创新水平的溢出效应研究——基于空间面板模型[J].区域金融研究,2017(8):16-21.

[161] Félix E G S, Pires C P, Gulamhussen M A. The Determinants of Venture Capital in Europe: Evidence Across Countries [J]. Journal of Financial Services Research, 2013, 44 (3): 259-279.

[162] Groh A P, Wallmeroth J. Determinants of Venture Capital Investments in Emerging Markets [J]. Emerging Markets Review, 2016 (29): 104-132.

[163] Kortum S, Lerner J. Does Venture Capital Spur Innovation? [J]. NBER Working Papers, 1998, 28 (01): 1-44.

[164] Hellmann T, Lindsey L, Puri M. Building Relationships Early: Banks in

Venture capital [J]. The Review of Financial Studies, 2007, 21 (2): 513-541.

[165] Leinbach T R, Amrhein C. A Geography of the Venture Capital Industry in the US [J]. The Professional Geographer, 1987, 39 (2): 146-158.

[166] Bygrave W D, Timmons J. Venture Capital at the Crossroads [M]. Social Science Electronic Publishing, 2009: 325-339.

[167] Peter Schöfer, Roland Leitinger. Framework for Venture Capital in the Accession Countries to the European Union [J]. Ssrn Electronic Journal, 2002.

[168] 李雪灵, 蔡莉. 风险投资支撑环境的作用机理分析 [J]. 吉林大学社会科学学报, 2004 (4): 79-85.

[169] 蔡莉, 李雪灵, 卫国红. 我国风险投资公司宏观支撑环境与运作机制 [M]. 中国人民大学出版社, 2006.

[170] 王培宏, 刘卓军, 唐志鹏. 基于数据包络分析的风险投资环境有效性研究 [J]. 管理学报, 2007, 4 (5): 584.

[171] 倪文新, 袁娜. 我国风险投资发展区域失衡的影响因素研究 [J]. 武汉金融, 2012 (11): 22-24.

[172] 张玉华, 李超. 中国创业投资地域集聚现象及其影响因素研究 [J]. 中国软科学, 2014 (12): 93-103.

[173] 张忆琳. 我国风险投资空间布局及影响因素实证分析 [D]. 杭州: 浙江大学, 2018.

[174] Quirk P J, Evans O, Gajdeczka P. Capital Account Convertibility: Review of Experience and Implications for IMF Policies [J]. Imf Occasional Papers, 1995.

[175] 张礼卿. 资本账户开放与金融不稳定 [M]. 北京: 北京大学出版社, 2004.

[176] 李金声. 对人民币资本项目下自由兑换的思考 [J]. 南方金融, 1997 (8): 13-15.

[177] 盛松成. 我国加快资本账户开放的条件基本成熟 [J]. 中国金融, 2012 (5): 14-17.

[178] 姜波克, 朱云高. 资本账户开放研究: 一种基于内外均衡的分析框架 [J]. 国际金融研究, 2004 (4): 12-19.

[179] Quinn D. The Correlates of Change in International Financial Regulation [J]. American Political Science Association, 1997, 91 (3): 531-551.

[180] Montiel P, Reinhart C M. Do Capital Controls and Macroeconomic Policies Influence the Volume and Composition of Capital Flows? Evidence from the

1990s [J]. Journal of International Money and Finance, 1999, 18 (4): 619-635.

[181] Chinn M D, Ito H. What Matters for Financial Development? Capital Controls, Institutions and Interactions [J]. Journal of Development Economics, 2006, 81 (1): 163-192.

[182] Chinn M D, Ito H. A New Measure of Financial Openness [J]. Journal of Comparative Policy Analysis, 2008, 10 (3): 309-322.

[183] Quinn D P, Toyoda A M. Does Capital Account Liberalization Lead to Growth? [J]. Review Of Financial Studies, 2008, 21 (3): 1403-1449.

[184] Klein M W, Olivei G P. Capital Account Liberalization, Financial Depth and Economic Growth [J]. Journal Of International Money And Finance, 2008, 27 (6): 861-875.

[185] Kraay A. In Search Of The Macroeconomic Effects Of Capital Account Liberalization [R]. Washington: The World Bank, 1998

[186] Lane P R, Milesi-Ferretti G M. External Wealth, the Trade Balance and the Real Exchange Rate [J]. European Economic Review, 2002, 46 (6): 1049-1071.

[187] Feldstein M, Horioka C. Domestic Saving and International Capital Flows [J]. Economic Journal, 1980, 90 (358): 314-29.

[188] Obstfeld M. Capital Mobility in the World Economy: Theory and Measurement [M]. Social Science Electronic Publishing, 1985.

[189] Jerry C, Farida K, Ron S. The Feldstein-Horioka Puzzle and Capital Mobility: A Review [J]. International Journal of Finance & Economics, 1998, 3 (2): 169-88.

[190] Edwards S, Khan M S. Interest Rate Determination in Developing Countries: A Conceptual Framework [J]. Staff Papers, 1985, 32 (3): 377-403.

[191] 熊衍飞, 陆军, 陈郑. 资本账户开放与宏观经济波动 [J]. 经济学（季刊）, 2015（4）: 1255-1276

[192] 朱冰倩, 潘英丽. 资本账户开放度影响因素的实证分析 [J]. 世界经济研究, 2015（7）: 14-23.

[193] 郭桂霞, 彭艳. 我国资本账户开放的门槛效应研究 [J]. 金融研究, 2016（3）: 42-58.

[194] 王锦慧, 蓝发钦. 资本项目开放促进中国经济增长的实证研究 [J]. 上海金融, 2007（10）: 10-14.

[195] 张屹山, 张鹏. 资本和金融项目开放对中国宏观经济影响的实证研究 [J]. 中国工业经济, 2010（5）: 27-36.

[196] 钟娟，魏彦杰，沙文兵. 金融自由化改善了投资配置效率吗 [J]. 财经研究，2013（4）：16-25.

[197] Crockett A D. Financial Market Implications of Trade and Currency Zones [J]. The Federal Reserve Bank. Kansas City, 1991.

[198] Fischer S. Capital Account Liberalization and the Role of the IMF [J]. Asia and the IMF Asia Seminar, 1997.

[199] Edison H J, Klein M W, Ricci L A, et al. Capital Account Liberalization and Economic Performance: Survey and Synthesis [J]. IMF Staff Papers, 2004, 51（2）：220-256.

[200] Mathieson D J, Rojas-Suarez L. Liberalization of the Capital Account: Experiences and Issues [M]. Social Science Electronic Publishing, 1992.

[201] Fleming J M. Domestic Financial Policies Under Fixed and Under Floating Exchange Rates [J]. Staff Papers, 1962, 9（3）：369-380.

[202] Mundell R A. Capital Mobility and Stabilization Policy Under Fixed and Flexible Exchange Rates [J]. Canadian Journal of Economics and Political Science, 1963, 29（04）：475-485.

[203] 张礼卿. 论发展中国家的资本账户开放 [J]. 国际金融研究，1998（3）：5-9.

[204] 张礼卿. 亚洲金融危机的教训 [J]. 国际金融研究，1998（1）：53-56.

[205] 盛松成. 为什么需要推进资本账户开放 [J]. 中国金融，2013（18）：24-27.

[206] 彭文生. 资本账户开放是与非 [J]. 中国经济信息，2012（7）：28-31.

[207] 王曦，陈中飞，王茜. 我国资本账户加速开放的条件基本成熟了吗 [J]. 国际金融研究，2015（1）：70-82.

[208] 余永定，张明. 资本管制和资本项目自由化的国际新动向 [J]. 国际经济评论，2012（5）：67-74.

[209] 张明. 中国资本账户开放：行为逻辑与情景分析 [J]. 世界经济与政治，2016（4）：139-155.

[210] 邹静娴，张斌. 后中等收入经济体的对外开放——国际经验对中国的启示 [J]. 国际经济评论，2018（2）：9-23.

[211] Romain A, Van Pottelsberghe B. The Economic Impact of Venture Capital [J]. Discussion Paper, 2004.

[212] Ueda M, Hirukawa M. Venture Capital and Productivity [R]. Working Paper, University of Wisconsin, 2003.

[213] 高波. 风险投资溢出效应：一个分析框架 [J]. 南京大学学报（哲学·人文科学·社会科学），2003, 40（4）：140-145.

［214］任宇航，夏恩君.风险投资的经济学意义分析［J］.生产力研究，2006（11）：24-25.

［215］费一文，朱熹，徐婷玉.私募股权、公开上市和生产效率［J］.上海管理科学，2013，35（6）：66-71.

［216］Hirukawa M，Ueda M. Venture Capital and Innovation：Which is First?［J］. Pacific Economic Review，2011，16（4）：421-465.

［217］Chemmanur T J，Krishnan K，Nandy D K. How does Venture Capital Financing Improve Efficiency in Private Firms? A Look Beneath the Surface［J］. Review of Financial Studies. 2011，24（12）：4037-4090

［218］Croce A，Martí J，Murtinu S. The Impact of Venture Capital on the Productivity Growth of European Entrepreneurial Firms："Screening" or "Value Added" Effect?［J］. Journal of Business Venturing，2013，28（4）：489-510.

［219］尹洁.中国风险投资与高新技术产业创新［D］.杭州：浙江大学，2012.

［220］周方召，仲深，王雷.财税补贴、风险投资与高新技术企业的生产效率——来自中国物联网板块上市公司的经验证据［J］.软科学，2013，27（3）：100-105.

［221］赵静梅，傅立立，申宇.风险投资与企业生产效率：助力还是阻力？［J］.金融研究，2015（11）：159-174.

［222］钱苹，张帏.我国创业投资的回报率及其影响因素［J］.经济研究，2007（5）：78-90.

［223］Guo D，Jiang K. Venture Capital Investment and the Performance of Entrepreneurial Firms：Evidence from China［J］. Journal of Corporate Finance，2013，22（3）：375-395.

［224］Guo Y，Zhang L，Qian Y，et al. Venture Capital and Patent Activities in China：Multi-Case Study in Bio-pharmaceutical Industry［C］. Management of Engineering and Technology，2017 Portland International Conference on. IEEE，2017.

［225］Borensztein E，Gregorio J D，Lee J W. How does Foreign Direct Investment Affect Economic Growth?［J］. Journal of International Economics，1998，45（1）：115-135.

［226］Wurgler J. Financial Markets and the Allocation of Capital［J］. Journal of Financial Economics，2000，58（1-2）：187-214.

［227］Jain-Chandra S. The Impact of Stock Market Liberalization on Liquidity and Efficiency in Emerging Equity Markets［R］. A Columbia University Working paper，2002.

[228] Claessens S, Forbes K. International Financial Contagion: An Overview of the Issues and the Book [M]. International Financial Contagion. Springer, Boston, MA, 2001.

[229] Bekaert G, Harvey C R, Lundblad C. Growth Volatility and Financial Liberalization [J]. Journal of International Money and Finance, 2006, 25(3): 370-403.

[230] 陈雨露, 罗煜. 金融开放与经济增长: 一个述评 [J]. 管理世界, 2007 (4): 138-147.

[231] 陈创练, 张年华, 陈经纬. 国际资本流动、金融发展与技术溢出效应关系研究——对1991—2013年全球73个国家和地区的实证检验 [J]. 产经评论, 2016, 7 (6): 116-132.

[232] 罗子嫄, 靳玉英. 资本账户开放对企业融资约束的影响及其作用机制研究 [J]. 财经研究, 2018, 44 (8): 101-113.

[233] Bonfiglioli A. Financial Integration, Productivity and Capital Accumulation [J]. Journal of International Economics, 2008, 76 (2): 337-355.

[234] Kose M A, Prasad E S, Terrones M E. Does Openness to International Financial Flows Raise Productivity Growth? [J]. Journal of International Money and Finance, 2009, 28 (4): 554-580.

[235] Bekaert G, Harvey C R, Lundblad C. Financial Openness and Productivity [J]. World Development, 2011, 39 (1): 1-19.

[236] Gehringer A. Uneven Effects of Financial Liberalization on Productivity Growth in the EU: Evidence from a Dynamic Panel Investigation [J]. International Journal of Production Economics, 2015, 87 (1): 334-346.

[237] Larrain M, Stumpner S. Capital Account Liberalization and Aggregate Productivity: the Role of Firm Capital Allocation [J]. The Journal of Finance, 2015.

[238] 米运生. 金融自由化与中国的全要素生产率: 理论分析与经验证据 [J]. 上海金融学院学报, 2009 (3): 16-22.

[239] 林季红, 郭志芳. 金融市场、FDI 与全要素生产率增长 [J]. 世界经济研究, 2013 (5): 74-80.

[240] 崔虹. 中国金融自由化与全要素生产率的关系——基于企业层面的研究 [D]. 上海: 复旦大学, 2013.

[241] 陶爱萍, 王鹏, 徐君超. 金融市场化对生产率增长的影响分析——基于工业与服务业的比较研究 [J]. 合肥工业大学学报 (社会科学版), 2015 (6): 8-15.

[242] 逄淑梅，陈浪南，崔小梅.金融开放与技术进步相关性的实证研究［J］.经济学报，2016（1）：83-105.

[243] 崔远淼，李昌克.金融一体化与全要素生产率：机制及经验证据［J］.系统工程理论与实践，2016，36（4）：834-845.

[244] Dabla-Norris M E. Structural Reforms and Productivity Growth in Emerging Market and Developing Economies［R］.Working Paper，2016.

[245] Lucas R E. Why Doesn't Capital Flow from Rich to Poor Countries?［J］.The American Economic Review，1990，80（2）：92-96.

[246] Alhorr H S，Moore C B，Payne G T. The Impact of Economic Integration on Cross-Border Venture Capital Investments：Evidence from the European Union［J］.Entrepreneurship Theory and Practice，2008，32（5）：897-917.

[247] Cherif M，Gazdar K. What Drives Venture Capital Investments in Europe? New Results from a Panel Data Analysis［J］. Journal of Applied Business and Economics，2011，12（3）：122-139.

[248] 荣晨，董曌.资本账户开放、资本积累与经济增长——基于新古典增长理论的经验证据［J］.现代财经：天津财经大学学报，2014（11）：13-23.

[249] 孙力军.金融发展、FDI与经济增长［J］.数量经济技术经济研究，2008，25（1）：3-14.

[250] 周工，张志敏，李娟娟.资本账户开放对我国跨境资本流向的影响研究［J］.宏观经济研究，2016（10）：75-87.

[251] Chenery H B. Capital Movements and Economic Development［M］. UK：Palgrave Macmillan. 1967.

[252] Todaro M P. Economic Development in the Third World：An Introduction to Problems and Policies in a Global Perspective［J］. Southern Economic Journal，1977，45（1）：95-118.

[253] 朱轶，熊思敏.财政分权、FDI引资竞争与私人投资挤出——基于中国省际面板数据的经验研究［J］.财贸研究，2009，20（4）：77-84.

[254] Abiad A，Oomes N，Ueda K. The Quality Effect：Does Financial Liberalization Improve the Allocation of Capital?［J］. Journal of Development Economics，2008，87（2）：270-282.

[255] 范学俊.金融政策与资本配置效率——1992—2005年中国的实证［J］.数量经济技术经济研究，2008，26（2）：3-15.

[256] 王喜.外商直接投资与我国的资本形成和投资效率［M］.经济科学出版社，2014.

[257] 李泽广,吕剑.金融开放的"数量效应"与"质量效应"再检验——来自跨国的经验证据[J].国际金融研究,2017,360(4):56-65.

[258] Caves D W, Christensen L R, Diewert W E. Multilateral Comparisons of Output, Input and Productivity Using Superlative Index Numbers[J]. The Economic Journal, 1982, 92(365): 73-86.

[259] 白重恩,张琼.中国生产率估计及其波动分解[J].世界经济,2015(12):3-28.

[260] Goldsmith R W. A Perpetual Inventory of National Wealth[R]. NBER Working Paper, 1951.

[261] 张健华,王鹏.中国全要素生产率:基于分省份资本折旧率的再估计[J].管理世界,2012(10):18-30.

[262] 吴振球,王建军,李华磊.改革开放以来经济增长方式渐进式转换:测度、源泉及其差异[J].数量经济技术经济研究,2014(6):3-19.

[263] 余泳泽.异质性视角下中国省际全要素生产率再估算:1978—2012[J].经济学(季刊),2017(3):1051-1072.

[264] 汤铎铎.三种频率选择滤波及其在中国的应用[J].数量经济技术经济研究,2007,24(9):144-156.

[265] 张连城,韩蓓.中国潜在经济增长率分析——HP滤波平滑参数的选择及应用[J].经济与管理研究,2009(3):22-28.

[266] Hyndman R J. Computing and Graphing Highest Density Regions[J]. The American Statistician, 1996, 50(2): 120-126.

[267] 赵奉军,高波.中国全要素生产率的顺周期特征与决定因素:1952—2007[J].经济经纬,2009(2):25-29.

[268] 周永锋.中国全要素生产率变动的测算:1991—2015[J].金融理论与实践,2018(3):18-22.

[269] 蔡晓陈.中国二元经济结构变动与全要素生产率周期性——基于原核算与对偶核算TFP差异的分析[J].管理世界,2012(6):8-16.

[270] Duran H E. Short-Run Dynamics of Income Disparities and Regional Cycle Synchronization in the U.S[J]. Growth & Change, 2014, 45(2): 292-332.

[271] Gerolimetto M, Magrini S. A Novel Look at Long-Run Convergence Dynamics in the United States[J]. International Regional Science Review, 2017, 40(3): 241-269.

[272] 李兰冰,刘秉镰.中国区域经济增长绩效,源泉与演化:基于要素分解视角

[J]．经济研究，2015，50（8）：58-72.

[273] Hu M C, Mathews J A. National Innovative Capacity in East Asia [J]．Research Policy，2005，34（9）：1322-1349.

[274] 林勇，张宗益．中国经济转型期技术进步影响因素及其阶段性特征检验[J]．数量经济技术经济研究，2009（7）：73-85.

[275] 刘世锦，刘培林，何建武．我国未来生产率提升潜力与经济增长前景[J]．管理世界，2015（3）：1-5.

[276] 李平，钟学义，王宏伟，等．中国生产率变化与经济增长源泉：1978—2010年[J]．数量经济技术经济研究，2013（1）：3-21.

[277] Amit R, Brander J, Zott C. Why Do Venture Capital Firms Exist? Theory and Canadian Evidence [J]．Journal of Business Venturing，1998，13（6）：441-466.

[278] Metrick A, Yasuda A. Venture Capital and Other Private Equity: A Survey [J]．European Financial Management，2011，17（4）：619–654.

[279] Gorman M, Sahlman W A. What Do Venture Capitalists Do? [J]．Journal of Business Venturing，1989，4（4）：231-248.

[280] 龙勇，时萍萍．风险投资对高新技术企业的技术创新效应影响[J]．经济与管理研究，2012（7）：38-44.

[281] 程蕾，韩忠雪．风险投资对提高公司成长期权的价值——来自创业板上市公司的经验证据[J]．技术经济，2013，32（1）：35-39.

[282] Maula M V J, Cumming D J. Cross - Border Venture Capital and Private Equity [J]．Venture Capital：Investment Strategies，Structures and Policies，2010：471-499.

[283] Kumari V R J. Foreign Direct Investment and Venture Capital Finance in India：A Study [J]．The Journal of Venture Capital & Financial Services，2013，7（2）：26.

[284] 刘曼红，Martin Haemmig，张兵．外资进入中国风险资本市场浅析[J]．科学管理研究，2005，23（3）：101-103.

[285] 陈艳．我国风险投资对企业技术创新影响的机理研究[D]．苏州：苏州大学，2014.

[286] 陈思，何文龙，张然．风险投资与企业创新：影响和潜在机制[J]．管理世界，2017（1）：158-169.

[287] Lerner J. Boulevard of Broken Dreams：Why Public Efforts to Boost Entrepreneurship and Venture Capital have Failed [M]．NY：Princeton

University Press, 2009.

[288] Bertoni F, Tykvová T. Does Governmental Venture Capital Spur Invention and Innovation? Evidence From Young European Biotech Companies [J]. Research Policy, 2015, 44 (4): 925-935.

[289] Brander J A, Egan E, Hellmann T F. Government Sponsored Versus Private Venture Capital: Canadian Evidence [M]. Chicago: University of Chicago Press, 2010.

[290] Pierrakis Y, Saridakis G. Do Publicly Backed Venture Capital Investments Promote Innovation? Differences Between Privately and Publicly Backed Funds in the UK Venture Capital Market [J]. Journal of Business Venturing Insights, 2017 (7): 55-64.

[291] 余琰, 罗炜, 李怡宗, 等. 国有风险投资的投资行为和投资成效 [J]. 经济研究, 2014 (2): 32-46.

[292] 王兰芳, 胡悦. 创业投资促进了创新绩效吗——基于中国企业面板数据的实证检验 [J]. 金融研究, 2017 (1): 177-190.

[293] Bertoni F, Tykvová T. Which Form of Venture Capital is Most Supportive of Innovation? [J]. Zew Discussion Papers, 2012.

[294] Wright M. Venture Capital in China: A View From Europe [J]. Asia Pacific Journal of Management, 2007, 24 (3): 269-281.

[295] 陈伟. 风险投资的资本来源影响企业技术创新的机理分析和实证研究——基于非资本增值视角 [J]. 商业经济与管理, 2013 (9): 87-96.

[296] 李文杰. 风险投资背景对企业技术创新绩效影响实证研究 [D]. 哈尔滨: 哈尔滨工业大学, 2015.

[297] Komala G, Muninarayanappa M. Does Foreign and Domestic Venture Capital Firm Differ? A Comparative Study in India [J]. International Journal of Recent Scientific Research, 2015, 6 (8): 5556-5560.

[298] He Y, Li B, Tian Y, et al. Does Foreign Venture Capital Provide More Value-added Services to Initial Public Offering Companies in China? [J]. China & World Economy, 2016, 24 (2): 90–106.

[299] Hua X, Wang Y, Wang M. The Innovation and Performance Impacts of Venture Capital Investment on China's Small-and Medium-Sized Enterprises [J]. China Economic Journal, 2016, 9 (2): 167-185.

[300] 张学勇, 廖理. 风险投资背景与公司 IPO: 市场表现与内在机理 [J]. 经济研究, 2011 (6): 118-132.

[301] Luo J D, Rong K, Yang K, et al. Syndication Through Social Embeddedness: A Comparison of Foreign, Private and State-Owned Venture Capital (VC) Firms [J]. Asia Pacific Journal of Management, 2019, 36 (2): 499-527.

[302] Coe D T, Helpman E. International R&D Spillovers [J]. European Economic Review, 1995, 39 (5): 859-887.

[303] 孙早, 刘李华, 孙亚政. 市场化程度、地方保护主义与R&D的溢出效应——来自中国工业的经验证据 [J]. 管理世界, 2014 (8): 78-89.

[304] 唐未兵, 傅元海, 王展祥. 技术创新、技术引进与经济增长方式转变 [J]. 经济研究, 2014 (7): 31-43.

[305] Nelson R R, Phelps E S. Investment in Humans, Technological Diffusion and Economic Growth [J]. The American Economic Review, 1966, 56 (1/2): 69-75.

[306] 樊纲, 王小鲁. 消费条件模型和各地区消费条件指数 [J]. 经济研究, 2004, 5 (41): 2.

[307] 何元庆. 对外开放与TFP增长: 基于中国省际面板数据的经验研究 [J]. 经济学（季刊), 2007, 6 (4): 1127-1142.

[308] 赵伟, 何元庆, 徐朝晖. 对外开放程度度量方法的研究综述 [J]. 国际贸易问题, 2005 (6): 32-35.

[309] Park W G. A Theoretical Model of Government Research and Growth [J]. Journal of Economic Behavior & Organization, 1998, 34 (1): 69-85.

[310] 祝接金, 胡永平. 地方政府支出、效率改进与区域经济增长——中国地区面板数据的经验分析 [J]. 中国软科学, 2006 (11): 74-80.

[311] North D C. Sources of Productivity Change in Ocean Shipping 1600—1850 [J]. Journal of Political Economy, 1968, 76 (5): 953-970.

[312] 蒋殿春, 张宇. 经济转型与外商直接投资技术溢出效应 [J]. 经济研究, 2008 (7): 26-38.

[313] Démurger S. Infrastructure Development and Economic Growth: An Explanation for Regional Disparities in China? [J]. Journal of Comparative Economics, 2001, 29 (1): 95-117.

[314] 刘秉镰, 武鹏, 刘玉海. 交通基础设施与中国全要素生产率增长——基于省域数据的空间面板计量分析 [J]. 中国工业经济, 2010 (3): 54-64.

[315] 刘生龙, 胡鞍钢. 基础设施的外部性在中国的检验: 1988—2007 [J]. 经济研究, 2010 (3): 4-15.

[316] Hochman O. A Two Factor Three Sector Model of an Economy with Cities [D]. Ben Grurion University, Mimeo, 1977.

［317］程开明，李金昌. 中国城市化与技术创新关联性的动态分析［J］. 科学学研究，2008，26（3）：666-672.

［318］魏下海，王岳龙. 城市化、创新与全要素生产率增长——基于省际面板数据的经验研究［J］. 财经科学，2010（3）：69-76.

［319］Bassett Jr G, Koenker R. Asymptotic Theory of Least Absolute Error Regression［J］. Journal of the American Statistical Association，1978，73（363）：618-622.

［320］Hoechle D. Robust Standard Errors for Panel Regressions with Cross-Sectional Dependence［J］. Stata Journal，2007，7（3）：281.

［321］Newey W K, West K D. Hypothesis Testing with Efficient Method of Moments Estimation［J］. International Economic Review，1987（1）：777-787.

［322］许昊，万迪昉，徐晋，等. 风险投资、区域创新与创新质量甄别［J］. 科研管理，2017，38（8）：27-35.

［323］李平. 粤港政府在高校科技成果转化中的作用比较［J］. 科学学研究，2006，24（6）：890-894.

［324］陆旸，蔡昉. 从人口红利到改革红利：基于中国潜在增长率的模拟［J］. 世界经济，2016，39（1）：3-23.

［325］谷克鉴. 用全要素生产率方法评价对外开放成就及规划对外开放［EB/OL］. http://2018demo.mbachina.com/html/sxyxw/201805/158080.html，2018-05-24.

［326］董利红，严太华，邹庆. 制度质量、技术创新的挤出效应与资源诅咒——基于我国省际面板数据的实证分析［J］. 科研管理，2015，36（2）：88-95.

［327］赵启纯. 制度质量对技术创新产出的门槛效应研究［J］. 宏观经济研究，2017（5）：91-96.

［328］Arellano M, Bond S. Dynamic Panel Data Estimation Using PPD: A Guide for Users［M］. London: Institute for Fiscal Studies，1988.

［329］Arellano M, Bond S. Some Tests of Specification for Panel Data: Monte Carlo Evidence and an Application to Employment Equations［J］. The Review of Economic Studies，1991，58（2）：277-297.

［330］Conley T G. GMM Estimation with Cross Sectional Dependence［J］. Journal of Econometrics，2004，92（1）：1-45.

［331］余泳泽. 中国省际全要素生产率动态空间收敛性研究［J］. 世界经济，2015（10）：30-55.

［332］杨大楷，邵同尧. 风险投资中的创新度量：指标、缺陷及最新进展［J］. 经济问题探索，2010（7）：62-66.

[333] Nelson R R, Winter S G. The Schumpeterian Trade-off Revisited [J]. The American Economic Review, 1982, 72 (1): 114-132.

[334] Friedman A, Glimm J, Lavery J. The Mathematical and Computational Sciences in Emerging Manufacturing Technologies and Management Practices [M]. PA: Society for Industrial and Applied Mathematics, 1992.

[335] Drucker P F. The Discipline of Innovation [J]. Harvard Business Review, 1985, 63 (3): 67-72.

[336] Mohnen P, Hall B H. Innovation and Productivity: An Update [J]. Eurasian Business Review, 2013, 3 (1): 47-65.

[337] 傅家骥, 洪后其, 雷家骕. 我国技术创新扩散模式的选择 [J]. 中国工业经济, 1991 (4): 64-65.

[338] Gebhardt G. Innovation and Venture Capital [J]. Econometric Society World Congress Papers, 2000.

[339] 吕炜. 论风险投资机制的技术创新原理 [J]. 经济研究, 2002 (2): 48-56.

[340] Kelly R, Kim H. Venture Capital as a Catalyst for Commercialization and High Growth [J]. Journal of Technology Transfer, 2016 (5): 1-27.

[341] Wonglimpiyarat J. Venture Capital Financing in the Canadian Innovation System [J]. International Journal of Technology Policy & Management, 2006, 6 (1): 11-29.

[342] Kanniainen V, Keuschnigg C. Start-up Investment With Scarce Venture Capital Support [J]. Journal of Banking & Finance, 2004, 28 (8): 1935-1959.

[343] Farrell M. The Measurement of Production Efficiency [J]. Journal of the Royal Statistical Society, 1957 (120): 254-289.

[344] 李平. 提升全要素生产率的路径及影响因素——增长核算与前沿面分解视角的梳理分析 [J]. 管理世界, 2016 (9): 1-11.

[345] Baker M, Gompers P A. The Determinants of Board Structure at the Initial Public Offering [J]. The Journal of Law and Economics, 2003, 46 (2): 569-598.

[346] 张玉利. 风险投资与中小企业成长 [M]. 1版. 天津: 天津人民出版社, 2003.

[347] 吴兆龙, 丁晓. 浅析风险投资在高科技创业企业成长中的作用 [J]. 商业研究, 2004 (15): 56-58.

[348] 任学锋, 孙绍瑞, 程江. 风险投资与高科技企业成长过程研究 [J]. 科学学与科学技术管理, 2001, 22 (8): 61-64.

[349] Wu S, Ren T, Yang H. Fund Ownership, Investment Preference and

Performance: The Venture Capital Industry in China [C]. Cumming D, Firth M, Hou W, Lee E. Developments in Chinese Entrepreneurship. New York: Palgrave Macmillan, 2015.

[350] 冯亚男. 风险投资背景对企业绩效及技术创新的影响研究 [D]. 大连: 东北财经大学, 2015.

[351] Wang X, Wan W P. The Performance of Foreign VC Firms in Emerging Economies: A Study of U.S. Firms in China [J]. Academy of Management Annual Meeting Proceedings, 2016 (1): 17012-17012.

[352] 陈海培. 风险投资对上市公司创新的影响研究 [D]. 南京: 南京财经大学, 2014.

[353] Ozmel U, Reuer J J, Gulati R. Signals Across Multiple Networks: How Venture Capital and Alliance Networks Affect Interorganizational Collaboration [J]. Academy of Management Journal, 2013, 56 (3): 852-866.

[354] 王泽翼. 风险投资增值服务对风险企业成长绩效影响的实证研究 [D]. 广州: 暨南大学, 2011.

[355] 孙杨, 许承明, 夏锐. 风险投资机构自身特征对企业经营绩效的影响研究 [J]. 经济学动态, 2012 (11): 77-80.

[356] 吴超鹏, 吴世农, 程静雅, 等. 风险投资对上市公司投融资行为影响的实证研究 [J]. 经济研究, 2012 (1): 105-119.

[357] Humphery-Jenner M, Suchard J A. Foreign VCs and Venture Success: Evidence From China [J]. Journal of Corporate Finance, 2013, 21 (2): 16-35.

[358] 封亚. 风险投资、风险投资机构特征与企业经营效率关系研究——以我国医药行业上市公司为例 [D]. 苏州: 苏州大学, 2015.

[359] 雷光勇, 曹雅丽, 齐云飞. 风险资本、制度效率与企业投资偏好 [J]. 会计研究, 2017 (8): 48-54.

[360] 王戈宏. 民营风险投资的风险控制及增值策略 [D]. 上海: 上海交通大学, 2001.

[361] 蒋桂红. 风险投资对企业技术创新影响研究——基于创业板上市公司经验数据 [D]. 北京: 对外经济贸易大学, 2015.

[362] 魏佩雯. 风险投资背景与绩效研究 [D]. 上海: 上海交通大学, 2013.

[363] 张丰, 张健. 风险投资家背景与创业企业经营绩效关系分析: 基于沪深A股的实证研究 [J]. 价值工程, 2009, 28 (4): 146-149.

[364] 许昊, 万迪昉, 徐晋. 风险投资改善了新创企业IPO绩效吗 [J]. 科研管理, 2016, 37 (1): 101-109.

[365] 杨昀, 邹正宜. 风险投资公司对创业企业投资行为的影响 [J]. 金融发展研究, 2017 (8): 41-48.

[366] 彭旸, 刘智勇, 肖竞成. 对外开放、人力资本与区域技术进步 (1996—2005) [J]. 世界经济研究, 2008 (6): 24-28.

[367] 程惠芳, 陈超. 开放经济下知识资本与全要素生产率——国际经验与中国启示 [J]. 经济研究, 2017 (10).

[368] 陈关聚. 人力资本结构对重工企业技术效率的影响研究 [J]. 技术经济与管理研究, 2013 (2): 60-63.

[369] 罗良文. 国际贸易、FDI 与技术效率和技术进步 [J]. 科研管理, 2012, 33 (5): 64-69.

[370] Elhorst J P. Spatial Panel Data Models [M]. Springer, Berlin, Heidelberg, 2014.

[371] LeSage J P, Pace R K. The Biggest Myth in Spatial Econometrics [J]. Econometrics, 2014, 2 (4): 217-249.

[372] Halleck Vega S, Elhorst J P. The SLX Model [J]. Journal of Regional Science, 2015, 55 (3): 339-363.

[373] LeSage J, Pace R K. Introduction to Spatial Econometrics [M]. NW: Chapman and Hall, 2009.

[374] 侯建仁, 郭文新, 曾勇. 国有风险投资机构的经济分析 [J]. 中国管理现代化研究会. 第三届中国管理学年会: 技术与创新管理分会场论文集 [C]. 北京: 中国管理现代化研究会, 2008.

[375] 姚婷. 政府与私人背景风险投资对企业效率的影响差异研究 [D]. 上海: 上海社会科学院, 2017.

[376] Blundell R, Bond S. Initial Conditions and Moment Restrictions in Dynamic Panel Data Models [J]. Economics Papers, 1998, 87 (1): 115-143.

[377] Yu J, Jong R D, Lee L F. Estimation for Spatial Dynamic Panel Data with fixed Effects: The Case of Spatial Cointegration [J]. Journal of Econometrics, 2012, 167 (1): 16-37.

[378] 甄峰. 欧盟企业创新调查与数据开发的经验和启示 [J]. 科学学研究, 2014, 32 (7): 1114-1120.

[379] Acs Z J, Anselin L, Varga A. Patents and Innovation Counts as Measures of Regional Production of New Knowledge [J]. Research Policy, 2002, 31 (7): 1069-1085.

[380] 张彩江, 覃婧, 周宇亮. 技术扩散效应下产业集聚对区域创新的影响研

究——基于两阶段价值链视角[J].科学学与科学技术管理,2017(12):124-132.

[381] 李汉涯,袁超文,蒋天.风险投资与企业创新——基于中国中小板上市公司的研究[J].金融学季刊,2017,11(1):103-124.

[382] 陈元,钱颖一.资本账户开放:战略、时机与路线图[M].1版.北京:社会科学文献出版社,2014.

[383] Graham Hall, Ciwen Tu. Venture Capitalists and the Decision to Invest Overseas [J]. Venture Capital, 2003, 5 (2): 181-190.

[384] 刘华,戴志敏.国际直接投资与国际风险投资的异同[J].商业研究,2002(7):137-139.

[385] 葛奇.宏观审慎管理政策和资本管制措施在新兴市场国家跨境资本流出入管理中的应用及其效果——兼析中国在资本账户自由化过程中面临的资本流动管理政策选择[J].国际金融研究,2017(3):3-14.

[386] 尹国俊.风险投资国际化与浙江对策研究[M].北京:电子工业出版社,2013.

[387] 张曦如,冒大卫,路江涌.海外风险投资机构在中国:投资选择、联合投资与投资绩效[J].管理学季刊,2017(1):12-27.

[388] 尹国俊,曾可昕,伍利群.外资风险投资在中国的运行模式及其对中国风险投资的影响[M].北京:经济科学出版社,2015.

[389] 杨振,陈甬军.外资进入的市场效应研究进展[J].经济学动态,2014(11):142-151.

[390] 伍利群.外国在华风险投资对我国风险投资业的影响——基于能力资源整合理论的分析[J].上海金融,2014(4):87-91.

[391] 许昊,万迪昉,徐晋.风险投资辛迪加成员背景、组织结构与IPO抑价——基于中国创业板上市公司的经验研究[J].系统工程理论与实践,2015,35(9):2177-2185.

[392] 曾一军.跨国创业投资研究[M].1版.北京:中国经济出版社,2007.

[393] Humphery-Jenner M, Suchard J A. Foreign VCs and Venture Success: Evidence from China [J]. Journal of Corporate Finance, 2013 (21): 16-35.

[394] 张金清,吴有红.外资银行进入水平影响商业银行效率的"阈值效应"分析——来自中国商业银行的经验证据[J].金融研究,2010(6):60-74.

[395] Alhorr H S, Moore C B, Payne G T. The Impact of Economic Integration on Cross-Border Venture Capital Investments: Evidence From the European Union [J]. Entrepreneurship Theory & Practice, 2010, 32 (5): 897-917.

[396] 黄英龙,张国平,殷永桥,等.外资对国内资本的效应分析[J].中国市场,2016(12):24-25.

[397] Cozzarin B P, Cumming D, Soleimani Dahaj A. Government Venture Capital and Cross-Border Investment[C]. Academy of Management Proceedings. Briarcliff Manor, NY 10510: Academy of Management, 2016(1).

[398] Wang L, Wang S. Economic Freedom and Cross-Border Venture Capital Performance[J]. Journal of Empirical Finance, 2012, 19(1): 26-50.

[399] Khurshed A, Mohamed A, Schwienbacher A, et al. How do Local Venture Capital Firms Benefit from Cross-border Syndications with Foreign Partners[R]. SSRN Working Paper, 2017.

[400] 陆瑶,张叶青,贾睿,等."辛迪加"风险投资与企业创新[J].金融研究,2017(6):159-175.

[401] Samila S, Sorenson O. Venture Capital, Entrepreneurship and Economic Growth[J]. The Review of Economics and Statistics, 2011, 93(1): 338-349.

[402] 冯冰,杨敏利.宏观经济环境对风险资本筹集的影响:需求驱动还是供给驱动?[J].管理评论,2014,26(10):64-75.

[403] 蔡莉,于晓宇,杨隽萍.科技环境对风险投资支撑作用的实证研究[J].管理科学学报,2007,10(4):73-80.

[404] Rama M. Labor Market 'Rigidity' and the Success of Economic Reforms Across More Than 100 Countries[J]. Journal of Policy Reform, 2006, 9(1): 75-105.

[405] Gompers P, Kovner A, Lerner J, et al. Venture Capital Investment Cycles: The Impact of Public Markets[J]. Journal of Financial Economics, 2008, 87(1): 1-23.

[406] 陈德棉,陈鑫.风险投资空间演化及其驱动因素——基于两阶段面板分位数模型的研究[J].投资研究,2015(4):4-15.

[407] 胡刘芬,周泽将.社会网络关系对风险投资行为的影响及经济后果研究——基于地理学视角的实证分析[J].外国经济与管理,2018,40(4):110-124.

[408] 严成樑.社会资本、创新与长期经济增长[J].经济研究,2012(11):48-60.

[409] 赵延东,罗家德.如何测量社会资本:一个经验研究综述[J].国外社会科学,2005(2):18-24.

[410] Ishise H, Sawada Y. Aggregate Returns to Social Capital: Estimates Based on the Augmented Augmented-solow Model[J]. Journal of Macroeconomics, 2009, 31(3): 376-393.

[411] Hochberg Y V, Lindsey L A, Westerfield M M. Resource Accumulation

Through Economic Ties: Evidence From Venture Capital [J]. Journal of Financial Economics, 2015, 118 (2): 245-267.

［412］朱平芳，李磊. 两种技术引进方式的直接效应研究——上海市大中型工业企业的微观实证［J］. 经济研究, 2006（3）: 90-102.

［413］严成樑，龚六堂. R&D规模、R&D结构与经济增长［J］. 南开经济研究, 2013（2）: 3-19.

［414］成力为，李翘楚. 企业研发投入结构特征与经济增长模式——基于中国与主要国家企业研发数据的比较［J］. 科学学研究, 2017, 35（5）: 700-708.

［415］习亚哲，温立洲. 公共支出结构与全要素生产率增长——基于VAR模型的动态分析［J］. 河北经贸大学学报, 2018（1）: 26-35.

［416］薛有志，严子淳，杨慧. 制度质量: 回顾、评述与展望［J］. 现代管理科学, 2014（8）: 12-14.

附录 A

置信区间测算结果

作者 年份	董敏杰 (2013)	武鹏 (2013)	吴振球 (2014)	郭庆旺 (2005)	李宾等 (2009)	蔡晓陈 (2012)	置信区间 (95%)
1979	0.9970	1.0290	1.0039	0.9502	—	1.0360	[1.0408, 0.9656]
1980	1.0140	1.0292	1.0098	0.9658	1.0126	1.0230	[1.0305, 0.9876]
1981	1.0080	1.0137	0.9924	0.9504	0.9915	0.9970	[1.0135, 0.9708]
1982	1.0320	1.0885	1.0044	0.9759	1.0330	1.0290	[1.0629, 0.9914]
1983	1.0480	1.0335	1.0141	0.9875	1.0548	1.0500	[1.0563, 1.0063]
1984	1.0800	1.0629	1.0516	1.0213	1.0952	1.0780	[1.0898, 1.0399]
1985	1.0430	1.0280	1.0148	0.9889	1.0738	1.0590	[1.0640, 1.0051]
1986	0.9940	0.9708	0.9693	0.9531	1.0276	1.0170	[1.0168, 0.9605]
1987	1.0360	1.0189	1.0114	0.9793	1.0522	1.0400	[1.0478, 0.9981]
1988	1.0450	1.0222	1.0239	1.0069	1.0455	1.0290	[1.0429, 1.0146]
1989	0.9960	0.9707	0.9826	0.9745	0.9798	0.9770	[0.9885, 0.9717]
1990	1.0050	0.9950	0.9876	0.9401	0.9533	0.9730	[0.9997, 0.9516]
1991	1.0400	1.0310	1.0289	1.0298	1.0161	1.0480	[1.0427, 1.0219]
1992	1.0800	1.0694	1.0701	1.0613	1.0967	1.0940	[1.0923, 1.0649]
1993	1.0660	1.0466	1.0535	1.0359	1.0900	1.0820	[1.0824, 1.0423]

续表

作者 年份	董敏杰 （2013）	武鹏 （2013）	吴振球 （2014）	郭庆旺 （2005）	李宾等 （2009）	蔡晓陈 （2012）	置信区间 （95%）
1994	1.0420	1.0270	1.0249	1.0274	1.0789	1.0690	[1.0674, 1.0223]
1995	1.0360	1.0014	1.0143	1.0124	1.0554	1.0490	[1.0490, 1.0071]
1996	1.0300	1.0154	1.0084	1.0064	1.0413	1.0320	[1.0358, 1.0086]
1997	1.0240	0.9981	1.0113	1.0314	1.0322	1.0270	[1.0335, 1.0078]
1998	1.0250	0.9997	1.0044	0.9907	1.0201	1.0140	[1.0214, 0.9965]
1999	1.0130	0.9781	0.9972	0.9889	1.0189	1.0150	[1.0175, 0.9861]
2000	1.0200	0.9980	1.0043	1.0019	1.0258	1.0230	[1.0238, 1.0006]
2001	1.0180	1.0034	1.0014	0.9883	1.0250	1.0200	[1.0227, 0.9960]
2002	1.0200	0.9997	1.0056	0.9967	1.0356	1.0260	[1.0289, 0.9990]
2003	1.0200	0.9944	1.0064	1.0012	1.0421	1.0300	[1.0332, 0.9982]
2004	1.0210	0.9983	1.0040	1.0033	1.0299	1.0250	[1.0263, 1.0009]
2005	1.0090	0.9978	1.0156	—	1.0229	1.0540	[1.0434, 0.9963]
2006	1.0090	0.9952	1.0082	—	1.0265	1.0480	[1.0401, 0.9947]
2007	1.0120	1.0048	1.0098	—	1.0279	1.0560	[1.0452, 0.9990]
2008	0.9920	1.0015	1.0028	—	—	1.0140	[1.0150, 0.9902]
2009	0.9810	0.9912	0.9802	—	—	1.0090	[1.0088, 0.9719]
2010	0.9930	0.9979	1.0003	—	—	—	[1.0046, 0.9895]

注：本研究以"全要素生产率"为关键词进行系统检索，所得文献中仅有上述文献公布了测算的全要素生产率指数，鉴于数据可得性，置信区间测算暂时更新至2010年。

附录 B

单位根检验结果

变量	(C, T)	LLC	Breintung	IPS	ADF-fisher	PP-fisher	结论
TFP	(C, T)	−5.01***	−0.54	−5.29***	178.40***	172.34***	平稳
Tech	(C, T)	−5.99***	−2.76***	4.11***	151.43***	166.88***	平稳
Effch	(C, T)	−6.76***	−1.56*	−1.76**	75.70*	93.88***	平稳
VC	(C, T)	−11.91***	−5.06***	−5.28***	123.20***	129.95***	平稳
VCforgein	(C, T)	−15.13***	−7.87***	−8.06***	162.45***	195.98***	平稳
VCstate	(C, T)	−10.20***	−6.24***	−4.61***	108.60***	151.85***	平稳
VCprivate	(C, T)	−8.68***	−2.18**	−3.87***	107.61***	100.27***	平稳
Open	(C, T)	−3.23***	−1.70	0.98	86.96**	98.38***	平稳
R&D	(C, T)	−6.97***	−4.16	−1.30*	77.49**	49.47	平稳
Buytech	(C, T)	−15.90***	−5.24***	−8.80***	171.58***	198.67***	平稳
HR	(C, T)	−2.91***	3.59	0.33	88.73***	106.60***	平稳
Gov	(C, T)	−12.41***	−4.19***	−7.84***	162.82***	196.63***	平稳
Inst	(C, T)	−12.39***	−3.42***	−6.23***	140.31***	199.46***	平稳
Infra	(C, T)	−13.71***	−4.95***	−6.92***	152.12***	215.08***	平稳

续表

变量	(C, T)	LLC	Breintung	IPS	ADF-fishier	PP-fisher	结论
Urban	(C, T)	-13.54***	-2.61***	-6.66***	155.02***	78.98**	平稳
Openc	(C, T)	-4.21***	4.18	0.47	82.50**	146.72***	平稳
Opent	(C, T)	-4.71***	0.87	0.11	62.44	98.64***	平稳
GDP	(C, T)	-7.58***	-3.08	-1.13	79.48**	140.62***	平稳
Techop	(C, T)	-29.58***	-0.88	-10.71***	140.60***	110.37***	平稳
LMR	(C, T)	-8.44***	-0.73	-4.09***	109.42***	131.75***	平稳
LEA	(C, T)	-20.05***	15.99	23.86***	110.49***	117.28***	平稳
IPO	(C, T)	-12.72***	-6.32***	-5.86***	130.08***	152.77***	平稳
M&A	(C, T)	-11.55***	11.41	-8.17***	117.28***	105.70***	平稳
SN	(C, T)	-4.42***	-1.90	-1.46*	153.71***	136.59***	平稳
SI	(C, T)	-8.66***	-0.44	-1.71**	78.05**	88.59***	平稳

注："***""**"和"*"分别表示在1%、5%和10%的水平上显著；(C, T)代表所设定的检验方程式是否含有截距和时间趋势，0表示不含C或者T；滞后阶数选取遵循Schwarz准则，其中LLC、Breintung适用于"同根"的情形，IPS、ADF-Fisher和PP-Fisher适用于"不同根"的情形。